MON P'TIT CAHIER
NOUVELLE TRIBU

ELENA GOUTARD

ILLUSTRATIONS :
LAYLA BENABID (INTÉRIEUR)
ISABELLE MAROGER ((OUVERTURE)

SOLAR
EDITIONS

SOMMAIRE

Introduction

Vous vous êtes rencontrés, vous êtes tombés amoureux… Ces premiers pas dans votre nouvelle relation ont été comme un conte de fées. Après une séparation douloureuse, un divorce chaotique ou un deuil, vous avez enfin trouvé la personne qui vous rend heureux(-se), celle qui vous fait rêver d'emménagement, voire même de fonder une nouvelle famille.

Dans ce scénario (presque) parfait, il y a toutefois un détail… de taille : votre nouvelle moitié et vous ne venez pas dans cette union les mains vides. Eh oui, en vous lançant dans cette aventure de la recomposition, vous embarquez non seulement l'un avec l'autre, mais aussi tout l'équipage : vos enfants, vos parents, vos ex et parfois même les nouveaux conjoints de vos ex.

Maintenant que vous êtes tous montés à bord, il est temps de vous munir des bons outils pour que le voyage se passe dans les meilleures conditions. Car oui, les débuts d'une tribu recomposée sont souvent houleux : créer les liens avec vos beaux-enfants, élever des enfants qui ne sont pas les vôtres, gérer une tribu agrandie avec toute la logistique complexe qui en découle… Le quotidien ne sera pas toujours rose (du moins au début). Mais pas question pour autant de vous décourager ! Tous deux plus matures, riches de vos expériences passées, et surtout bien décidés à assurer le succès de votre nouvelle tribu, vous avez aujourd'hui toutes les cartes en main pour réussir !

Reste donc à bien vous préparer. Bonne nouvelle ! Ce petit cahier vous guidera pas à pas à travers les différentes étapes de la recomposition : de l'aménagement de votre nouveau cocon à la gestion minutieuse de votre quotidien, en passant par l'éducation de vos enfants et la gestion des potentiels conflits… Vous trouverez également dans ces pages de nombreux conseils, tutos et bons plans pour réussir les premiers contacts avec vos beaux-enfants, rapprocher vos deux clans, maîtriser vos émotions et, malgré le rythme parfois effréné de votre tribu recomposée, continuer à prendre soin de votre couple ! Alors, prêts ?

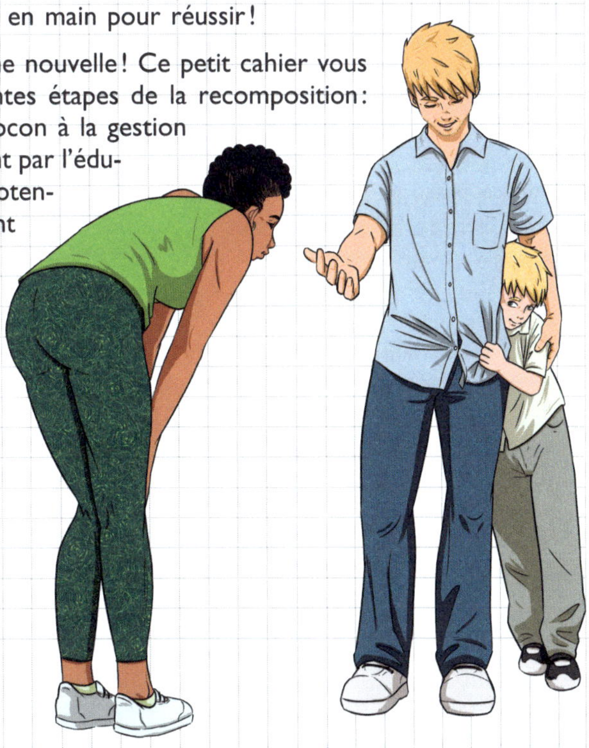

Test : Sommes-nous prêts à nous lancer en tant que tribu recomposée?

Recomposer une tribu avec votre nouvelle moitié et ses enfants ? L'aventure vous tente de plus en plus. Mais voilà, vous ne pouvez vous empêcher de vous poser mille et une questions… Et c'est bien normal ! Votre amour est-il assez aguerri pour affronter l'avenir ? Vous sentez-vous prêts pour avancer ensemble « pour le meilleur et pour le pire » ? Commencez par faire le point sur ces questions pour savoir où vous en êtes et aborder votre nouveau projet de vie de famille en toute sérénité !

Depuis que vous avez annoncé aux enfants que vous aviez un(e) nouvel(le) amoureux(-se), ils…

- font l'autruche ou la tête : cela dépend des jours !
- vont plutôt bien, même s'il y a des hauts et des bas !
- Annoncer la nouvelle ? Pas question, vous craignez trop leur réaction !

Vos tête-à-tête amoureux tournent souvent autour de…

- votre passé et vos ex : cela vous fait du bien de vider votre sac !
- votre avenir radieux.
- vos enfants : la priorité, c'est eux !

Pour vous, une soirée réussie, ça rime avec :

- une soirée torride sous la couette.
- un combo Netflix & pizza/sushis.
- un dîner avec les enfants (qui se passe bien évidemment !)

Si vous deviez résumer votre relation avec votre ex, ce serait :

- « Guerre et Paix », plus la guerre que la paix, en réalité !
- « Entre adultes consentants », vous gérez intelligemment, pour le bien des enfants !
- Un vent de nostalgie, vous avez encore du mal à tirer un trait sur votre passé !

Vous venez de vous disputer avec votre conjoint(e). Vous vous dites :

- ok, c'est un bel accrochage, mais on passe à autre chose !
- ce n'est pas très agréable, mais au moins cela donne une occasion de nous exprimer.
- une engueulade ? Non, c'est inimaginable !

De quelle couleur voyez-vous votre avenir ?

- 🍃 Rose : #loveforever.
- ☆ Bleu : calme & sérénité.
- ☼ Arc-en-ciel : certes, vous en verrez de toutes les couleurs, mais c'est cela aussi le piment de la vie !

Quand vous évoquez la possibilité de rassembler votre nouvelle tribu sous un même toit, vous avez plutôt tendance à...

- ☆ trembler à l'idée de tout ce qui vous attend.
- 🍃 trépigner, vous vous sentez d'attaque, prêt(e) à sauter le pas !
- ☼ sortir votre agenda : banque, agence immobilière, mairie... vous planifiez !

Le soir, avant de vous endormir, vous pensez généralement à...

- 🍃 lui envoyer un message : il/elle vous manque trop !
- ☆ votre dernière prise de tête avec votre co-parent.
- ☼ qui, quoi, quand, comment... Vous vous projetez (déjà) dans votre avenir commun avec votre nouveau conjoint.

Si on vous demande quel est le lieu de vacances préféré de votre moitié, vous...

- ☼ répondez les yeux fermés : vous y allez l'été prochain justement.
- ☆ demandez un 50/50 : vous avez comme un doute...
- 🍃 sortez votre joker : vous n'en avez aucune idée !

Faites les comptes !

🍃	☆	☼

RÉSULTATS

Vous avez une majorité de 🍃 :

Vous n'en êtes qu'au début, tout est encore devant vous !

Vous êtes en mode « Vis, ris & aime ! » tous les jours (ou presque), c'est la lune de miel. Vos nuits l'un sans l'autre sont (trop !) longues et les moments passés ensemble toujours trop courts. Flottant sur votre petit nuage, vous n'avez qu'une pensée : c'est presque trop beau pour être vrai ! Et même si vous savez que tout n'est pas si simple, qu'il faudra bientôt intégrer les enfants, pour l'instant, vous n'avez simplement pas envie d'y penser !

Sentir votre cœur battre à nouveau est la première (et souvent la plus importante !) des étapes de votre reconstruction. Cependant, si vous voulez que votre idylle perdure, veillez à tenir compte des besoins de vos enfants. Votre objectif pour les prochains mois : consolider votre relation, vous assurer que vous et votre moitié êtes prêts à vous engager malgré les bagages de chacun : son passé, son ex, ses enfants, les vôtres! Alors, vivez votre passion, mais avancez sans précipitation. Ce petit cahier vous donnera de précieuses clés pour faire vos premiers pas vers la recomposition : apprendre à mieux vous connaître, préparer vos enfants respectifs (voir p. 18), anticiper l'aménagement (voir p. 23). Le tout, sereinement!

Vous avez une majorité de ✩ : *Vous avancez doucement, mais sûrement vers votre avenir commun!*

Vous êtes encore sur votre petit nuage, mais commencez déjà à envisager « l'après ». Vous avez peut-être déjà rencontré les enfants de votre partenaire et sa famille ou bien avez déjà envisagé ensemble le lieu de votre future installation. En tout cas une chose est certaine : entre vous et votre amoureux(-se), ça devient sérieux! Tout en profitant à loisir du plaisir d'être ensemble, continuez à préparer l'avenir. Par où commencer? Vous découvrirez ici des clés pour aménager votre futur cocon, des conseils pour consolider votre relation avec vos beaux-enfants et des idées pour gérer votre nouveau quotidien comme des pros. Votre mission pour les mois à venir : devenir maîtres de l'organisation, certes, mais aussi préparer les enfants sans les brusquer, boucler définitivement les vieux dossiers de votre passé, organiser votre quotidien (voir p. 77 et suivantes)... Des démarches pas toujours fun, mais qui vous rapprocheront de votre but : vivre heureux ensemble!

Vous avez une majorité de ☼ : *Vous y êtes presque! Votre vie commune n'est plus qu'à deux pas...*

Entre vous, tout roule : il n'y a plus qu'à vous lancer! Toujours fous amoureux, vous avancez à grands pas vers la recomposition de votre nouvelle tribu! Vous vous sentez au taquet, prêts à affronter les petits défis qui vont inévitablement se présenter à vous : le déménagement, vos enfants respectifs, votre nouveau quotidien... Ou peut-être que vous avez déjà franchi le pas! Bref, vivre dans une tribu recomposée ne vous fait pas du tout peur (ou presque)!

À vous maintenant d'évoluer pas à pas vers une recomposition réussie. Au fil de ces quelques chapitres, vous apprendrez à mener d'une main de maître la vie de votre nouvelle maisonnée, mais aussi à gérer l'éducation de vos enfants (voir p. 56 et suivantes), à maîtriser vos états d'âme (voir p. 89) et à prendre soin de votre couple (voir p. 85). Tout un programme!

Chapitre 1

On pose les bases de notre nouvelle vie !

Ça y est, cette fois vous en êtes sûr(e) ! C'est vraiment *the one*. Grâce à votre moitié, vous avez recommencé à rêver, à vous imaginer une nouvelle vie, à faire des projets… Le souci : recomposer une famille, cela ne se fait pas en un claquement de doigts ! Entre les enfants, les démarches administratives, les relations (encore) compliquées avec votre ex, vos propres émotions à gérer… c'est certain, vous n'allez pas chômer ! Bonne nouvelle cependant : en utilisant les bons outils et en vous armant de patience, vous franchirez les différentes étapes de la recomposition haut la main ! Votre point de départ : approfondir vos sentiments, préparer les enfants et adopter les bons réflexes pour créer les premiers liens !

5 idées reçues sur les familles recomposées

Reconstruire une famille avec votre moitié ? Vous êtes de plus en plus emballé(e) ! Mais que savez-vous au juste sur les tribus recomposées ? Faites le point avec ces quelques affirmations clés pour en finir avec les préjugés !

Si les adultes s'aiment, les enfants finiront par s'aimer !

→ Faux !

Vous vous adorez, sans l'ombre d'un doute ! Mais rien ne peut vraiment garantir que vos enfants, eux, vont s'entendre, et encore moins s'aimer. Après tout, l'amour ne naît pas sur commande ! Par contre, une bonne relation entre les adultes favorise l'entente entre les petits. Alors si, malgré tous vos efforts, vos enfants ne deviennent pas les meilleurs amis du monde, armez-vous de patience, assurez une ambiance paisible à la maison et laissez-les développer leur relation à leur propre rythme.

Le bon réflexe

À défaut d'amour (pour le moment), vous pouvez inculquer à vos petits le respect et la sollicitude. Votre mot d'ordre : communiquer et vous traiter les uns les autres avec respect. Et pour les aider à mieux s'entendre, misez sur quelques règles simples spécial fratrie (voir p. 71).

Rien de tel pour soigner les vieilles blessures que de fonder une nouvelle famille !

→ Faux !

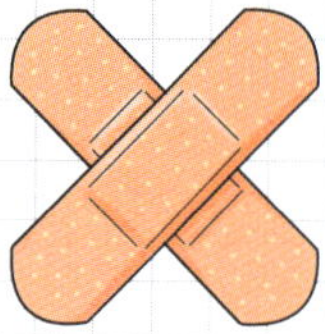

Aussi belle puisse-elle s'annoncer, cette nouvelle relation apportera avec elle son lot de défis. Résultat : si votre bagage émotionnel est déjà lourd à porter, il risque de devenir insoutenable pour vous et votre bien-aimé(e). Conclusion : avant de vous engager, essayez de vous libérer de vos peurs et de soigner vos blessures. Ainsi, en entrant dans cette relation le cœur libre et léger, vous serez sûr que votre choix est fait avec envie et par amour plutôt que par dépit.

Les bons réflexes

1. Faites la paix (si possible) avec votre ex.
2. Transformez vos expériences passées en atouts (voir p. 16).
3. Et si ça ne va toujours pas, demandez conseil à votre médecin, un coach ou un thérapeute. Votre priorité : retrouver la pêche et reprendre confiance en vous !

Le meilleur moment pour se lancer : quand les sentiments sont à leur apogée !

→ Faux !

Entre ses magnifiques yeux bleus et sa voix enchanteresse, votre cœur chavire ! Le problème : bien que merveilleuses, les émotions fortes vous empêchent de poser un regard objectif sur votre moitié. Certes, il/elle a plein de qualités, mais connaissez-vous ses petits défauts ? Votre objectif avant d'aller plus loin : découvrir celui ou celle qui se cache derrière votre idéal.

Le bon réflexe

Laissez à vos sentiments le temps de se calmer et apprenez à bien vous connaître l'un l'autre avant de concrétiser votre engagement. Bref, allez-y pas à pas !

Plus vite les enfants seront mis au courant, mieux ce sera !

→ Faux !

Bien sûr, vous avez hâte de le/la présenter à vos enfants ! Mais avant de leur annoncer la grande nouvelle, demandez-vous si votre relation est solide et si vous êtes vraiment prêt(e). Les enfants s'attachent vite. Déjà touchés par la séparation ou le divorce, ils n'ont pas besoin d'une nouvelle rupture. Votre priorité : les préserver.

Le bon réflexe

Attendez d'être sûr(e) à 1000 % que votre relation est durable pour impliquer vos enfants. Convaincu(e) que votre coup de foudre résistera à vents et marées ? Alors oui, lancez-vous ! Sinon, patientez encore un peu !

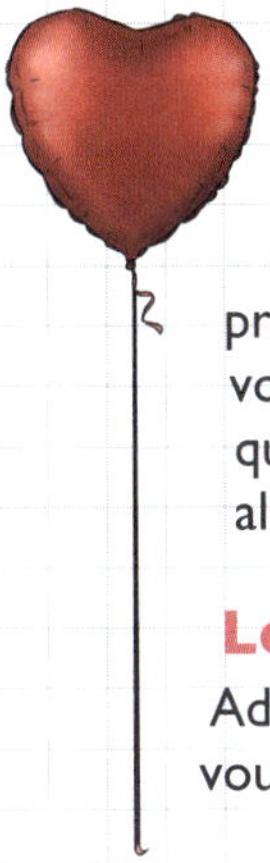

Notre amour vaincra toutes les difficultés !

→ Vrai (#oncroiselesdoigts)

Certes, vous n'entrevoyez pas encore toutes les difficultés, car tout vous semble presque trop beau pour être vrai. Pourtant la réalité est là : des grains de sable dans vos engrenages, vous en aurez inévitablement, surtout les premières années. Mais pas question de vous décourager ! Forts de votre amour (et de bons outils), vous saurez aller de l'avant !

Le bon réflexe

Adoptez deux mots d'ordre : *préparation* et *anticipation* ! Ce petit cahier est là pour vous accompagner !

On adopte le bon état d'esprit pour une aventure réussie !

Ça y est, vous êtes prêts à fonder votre nouvelle tribu ? Votre priorité pour que tout se passe comme vous le souhaitez : être dans de bonnes dispositions ! Mais lesquelles exactement ?

On apprend à se mettre à la place de l'autre

En formant votre nouvelle tribu, vous rêvez tous les deux de tourner une nouvelle page de votre histoire. Le hic : celle-ci ne sera jamais totalement blanche. Votre mot d'ordre pour que tout roule : faire preuve d'empathie !

Pourquoi c'est essentiel?

Vous et votre moitié avez chacun votre histoire et vos expériences de vie, vos habitudes et surtout vos caractères bien différents. Pour bien vous acclimater l'un à l'autre, il va donc falloir vous comprendre pour mieux vous entendre… Et si ce n'est déjà pas évident quand on n'a pas d'enfants, cela l'est encore moins quand on a deux familles et autant de plannings à accorder, sans compter le stress, la fatigue et les petites tensions qui peuvent apparaître du côté des petits comme des grands!

Et concrètement, on fait comment?

Il grince des dents dès que vous prononcez le prénom de votre ex? Elle ronge son frein au moindre reproche de vos enfants? Faites une pause pour essayer de comprendre ce qui se passe en lui/elle et pour trouver les moyens de l'apaiser. Et vous, comment vivriez-vous la situation si vous étiez à sa place? Voir une situation sous un angle différent vous permettra de mieux répondre aux besoins de votre moitié et d'éviter de nombreuses prises de tête.

On reste ouverts aux changements d'habitudes

L'un de vous est plutôt du matin et l'autre du soir? L'un est végan et l'autre avalerait un steak au petit-déjeuner? En matière d'habitudes de vie et d'envies, vous avez peut-être l'impression d'être à 1000 lieues l'un de l'autre. Votre mot d'ordre pour trouver un terrain d'entente : l'adaptabilité!

Pourquoi c'est essentiel?

À 30, 40 ou 50 ans, il est parfois difficile de changer de mode de fonctionnement et de sacrifier une partie de ses petits plaisirs. Dites-vous que si c'est dur pour vous, c'est tout aussi difficile pour votre moitié. Alors, pour mieux vous accorder, faites un petit effort tous les deux!

Et concrètement, on fait comment?

- **Dites ce que vous pensez et ne supposez pas que l'autre sait!** Finies les ruminations sans fin et les bouderies d'ado, bonjour la communication ouverte et franche. Si vous voulez que les choses changent, dites-le!
- **Cherchez des compromis.** Vous êtes plutôt anti-TV alors que lui/elle peut passer la soirée devant ses séries préférées? Voyez ce que chacun de vous peut changer de son côté pour mieux s'adapter à l'autre. Votre priorité : trouver un terrain d'entente!

Commencez par les petites choses qui vous concernent en tant que couple et élargissez ensuite aux situations qui engageront toute la tribu. Exemple ? Si vous butez sur son amour de Netflix, il y a de fortes chances que vous grinciez des dents quand vous devrez aborder la douloureuse question du temps d'écran de vos enfants respectifs.

- **Acceptez vos différences !** Que vous le vouliez ou non, vous serez forcément différents. Alors, quand votre moitié fait quelque chose différemment de vous, rappelez-vous qu'« autrement » ne veut pas dire « moins bien ». Ainsi, si votre chéri(e) n'assure pas à vos enfants le même rituel du soir que vous, faites-lui confiance. Ou inspirez-vous parfois de son exemple pour changer certaines de vos propres habitudes. C'est aussi ça le grand avantage des familles recomposées, vous enrichir mutuellement grâce aux différences de chacun.

On devient adeptes de la « positive attitude » !

Pas la peine de fredonner la chanson de Laurie mais pour autant, n'oubliez pas d'être *optimiste* !

Pourquoi c'est essentiel ?

Entre la charge de travail décuplée, la paperasse à n'en plus finir et les crises émotionnelles des enfants, votre quotidien ressemblera souvent à de vraies montagnes russes. Pour tenir bon et rester zen (ou presque) face aux aléas de la recomposition, adoptez un seul crédo : la positive attitude !

Et concrètement, on fait comment ?

- **Posez un regard positif sur votre (future) famille.** Voyez chez votre moitié, chez vos enfants et beaux-enfants les qualités plutôt que les défauts. Quand la vie vous chamboulera, rappelez-vous les raisons pour lesquelles vous vous êtes lancés dans cette aventure.
- **Commencez et terminez vos journées par une pensée positive.** Le simple souvenir de l'odeur de votre café du matin suffira parfois à vous mettre de bonne humeur. Et penser aux vacances qui se profilent vous permettra de vous évader un peu.
- **Remarquez les moments positifs dans votre quotidien.** Votre belle-fille vous a souri pour la première fois ? Votre fils a accepté une partie de cartes avec votre conjoint(e) ? Réjouissez-vous de ces mini bonheurs et célébrez les petites victoires !

On pense notre projet de famille en mode « Disney »

Vous êtes tout excités par les changements qui se profilent, mais un peu angoissés aussi ? Et si vous testiez la méthode Disney pour vous projeter dans votre future vie de famille ?

La méthode Disney, quésaco?
Après avoir étudié les grands génies créatifs qu'étaient Mozart et Disney, le coach américain Robert Dilts est parvenu à une observation clé : tous deux étaient très à l'écoute de leurs rêves, qu'ils parvenaient à transposer dans la réalité. De ce constat est née la méthode Disney. Son objectif : permettre à chacun de rendre un projet rêvé réel en l'examinant sous 3 angles : celui d'un rêveur, celui d'un réaliste et celui d'un critique. L'objectif est d'identifier les étapes réalistes et de déjouer les obstacles qui pourraient se présenter dans sa réalisation. Tentés d'appliquer la méthode Disney à votre (future) tribu? C'est le moment d'enfiler vos trois casquettes!

Le rêveur : on imagine notre future famille!

En mode rêveur, pas de limites ou de contraintes. Durant cette première phase, votre objectif est simple : laisser libre cours à votre imagination et étudier toutes les idées qui vous viennent à l'esprit lorsque vous pensez votre future famille.

C'est décidé, on se lance!

Installez-vous au calme dans une ambiance propice à l'échange, parlez avec votre moitié de vos envies et de vos rêves, pour vous, pour vos enfants et votre vie de famille.
Sans oublier de les noter par ici!

Les questions à vous poser	Moi	Lui/Elle
Quelle famille souhaitez-vous construire?		
De quoi rêvez-vous pour votre nouvelle tribu?		
Quelles relations voulez-vous cultiver?		
Quels souvenirs voulez-vous créer pour vous et vos enfants respectifs?		
Quel (beau-)parent voulez-vous être?		

Le réaliste : on se donne les moyens de lui donner naissance

Maintenant que vous savez ce que vous voulez précisément, comment allez-vous faire pour y parvenir? Après votre première étape de réflexion, il est temps d'évaluer concrètement vos idées. Votre objectif : transposer vos rêves dans votre réalité.

C'est décidé, on se lance!

À nouveau, réfléchissez ensemble et notez précieusement les différentes pistes abordées dans le tableau ci-dessous.

Les questions à vous poser	Les pistes auxquelles vous avez pensé
Que devrez-vous mettre en place pour y arriver ?	
Quelle est la meilleure attitude à adopter ?	
De quelles ressources (temps, énergie, argent) avez-vous besoin ?	
Qui peut vous aider ? Où trouver du soutien ?	
Que ferez-vous concrètement ?	

Le critique : on fait le point sur nos plans pour notre future tribu

Évidemment, vous n'avez pas envie de penser à ce qui pourrait tourner au vinaigre. Mais la vision critique vous permettra d'analyser vos idées sous le signe de la prudence. Un peu comme un bon ami qui veut vous protéger de certains risques et vous mettre en garde face aux difficultés !

Les questions à vous poser

Prenez de la hauteur sur votre situation (toujours à deux), et notez vos réflexions ! Pour construire la famille de vos rêves, à quoi avez-vous intérêt à faire attention ?

....

Quels obstacles pourraient émerger sur votre chemin ?

....

Comment les contourner ou les anticiper ?

....

On fait le bilan pour le bonheur des parents et des enfants

Pour être certains de n'avoir rien oublié en route, notez vos observations clés. Pour votre petite tribu, vous rêvez de :

....

Vos actions pour réussir :

....

Vous éviterez de :

....

Notre pas-à-pas pour nous accorder sur nos valeurs

S'il y a bien une clé pour vivre heureux (et longtemps) ensemble, c'est *regarder dans la même direction* ! Le problème : ce n'est pas toujours évident quand chacun vient avec son vécu, son histoire familiale et ses préceptes éducatifs. Pour commencer en douceur, définissez ensemble 5 valeurs qui vous donneront le cap… Le reste suivra !

Une valeur, quésaco exactement ?
Vos valeurs sont ces principes de vie qui guident vos comportements, définissent vos choix et donnent du sens à votre vie. Elles vous poussent à avancer tout en étant en accord avec vous-même. À ce titre, elles contribuent à votre épanouissement (personnel, de couple ou en tribu) !

On note l'essentiel… chacun de son côté

Commencez par identifier les 5 valeurs sans lesquelles vous n'imaginez pas que votre petite communauté puisse fonctionner. Qu'est-ce qui vous importe le plus ? La fidélité, la solidarité, l'empathie, la générosité ? Ou encore, le courage, la persévérance, l'équité… C'est parti, notez !

Mes 5 valeurs essentielles	Ses 5 valeurs incontournables

On fait le tri !

Prenez ensuite le temps de faire un bilan. Quelles sont vos valeurs communes ? En quoi chacune d'elle est importante ? Et si vous ne deviez en garder que 5, lesquelles seraient-elles ? C'est le moment de partager et faire part à votre moitié de ce qui est vraiment important pour vous !

On met en place un plan d'action

Ça y est : les négos ont été rondement menées et vous êtes arrivés à trouver un terrain d'entente! Reste maintenant à transmettre le tout à vos enfants une fois que la famille sera recomposée. Vous paniquez face à l'ampleur de votre mission? Inspirez-vous du tableau ci-dessous pour mettre au point votre propre stratégie.
À vous de jouer :

Le top 5 des valeurs pour votre tribu	**3 façons de les intégrer dans votre vie de famille**
Respect	– Nous nous parlerons avec respect. – Nous éviterons les cris et les paroles brusques. – Nous respecterons les affaires et l'espace de chacun.

On apprend de nos leçons de vie

Non, vraiment, vous n'êtes plus aujourd'hui la personne que vous étiez avant. Grâce à vos expériences de vie, vous avez grandi et c'est une bonne nouvelle pour votre nouvelle famille! Votre objectif : cueillir les fruits de cette maturité pour votre projet de tribu recomposée.
À bien y repenser, vous n'avez aucune envie de replonger dans vos anciennes histoires de cœur! Et pourtant, même s'il y a eu des couacs, vous en avez sûrement tiré des leçons que vous ne soupçonnez peut-être même pas. C'est le moment de vous lancer en deux temps.

On apprend de notre passé pour mieux nous projeter dans l'avenir

Identifiez quelques situations compliquées de votre passé (celles qui vous ont fait franchement suer), notez et analysez-les ! Chacun de votre côté, remplissez ce tableau :

Quelle situation ne voulez-vous plus revivre ?	Que souhaitez-vous changer chez vous ?	Comment voulez-vous fonctionner à la place ?	Qu'apportera ce changement à vous, à votre couple et à la vie de votre tribu ?
Des conflits quotidiens avec mon ex.	Ne plus garder pour moi mes reproches et ruminer en silence.	Pouvoir exprimer sans gêne ce que je ressens.	Moins de conflits et de malentendus. Une communication plus franche et des relations apaisées.

On liste nos bonnes résolutions !

Vos (trop nombreuses) sorties entre copains ont ruiné votre ancien mariage ? Votre humeur ronchon vous avait brouillé(e) avec votre ex-belle famille ? Ça, c'était avant ! Et aujourd'hui, que décidez-vous de faire pour éviter les faux pas ? Quelques exemples : vous trouverez un meilleur équilibre entre vos amis et votre moitié, vous serez accueillant(e) avec votre nouvelle belle-mère, même si vous ne l'appréciez pas (encore) vraiment, vous ferez preuve de plus de patience quand les enfants n'écouteront pas les consignes, etc.
Notez ici les 10 bonnes résolutions sur lesquelles vous vous engagez fermement.

Vous	Votre moitié

3 étapes à ne pas brûler pour recomposer votre famille !

Vous roucoulez comme des tourtereaux et n'avez qu'une hâte : vous installer dans votre petit nid ! Mais pour ne pas brûler les ailes de votre tribu en gestation, abordez les trois temps forts de votre recomposition avec intelligence et sans précipitation. En un mot : TEM-PO-RI-SEZ !

Notre lune de miel : on en profite !

Certes, vous n'envisagez plus l'avenir l'un sans l'autre et n'avez qu'une envie : partager enfin votre quotidien. Le hic : quand vous vivrez ensemble, vous aurez plus de temps pour vous, mais vous aurez aussi les enfants, avec de grands bonheurs certes, mais aussi les petites tensions qu'ils peuvent générer ! Ainsi, avant de vous lancer définitivement, profitez de votre couple et de tous les bénéfices de votre (relative) liberté.

Pourquoi c'est important de faire durer notre #honeymoon ?

Faut-il vous donner des raisons pour profiter de votre relation ? Évidemment que non ! Mais s'il vous en fallait, en voilà 4 pour commencer. Votre lune de miel c'est maintenant, alors prenez le temps de :

- **Vous assurer que votre conjoint(e) est vraiment LA bonne personne,** que votre cœur est prêt et ouvert pour aimer à nouveau.
- **Déguster en mode « ado » les moments d'amour et d'intimité.** Ce sera un vrai challenge plus tard avec les enfants.
- **Renforcer votre relation.** Profitez du temps en duo pour apprendre à vous connaître, pour vous créer des souvenirs, pour vous attacher et approfondir vos sentiments.
- **Tester vos sentiments.** Si vous retirez le côté physique de la relation, reste-t-il de la place pour le respect et la confiance mutuels ? Laissez passer du temps pour tester la profondeur et la nature de vos sentiments !

Votre to-do liste spéciale lune de miel !

- **Multipliez les rendez-vous pour tomber et retomber amoureux** ! Il n'y aura pas de meilleur moment que celui-ci pour profiter l'un de l'autre.
- **Variez les sujets de conversation.** Plus vous discuterez et mieux vous vous connaîtrez. Vous pourrez ainsi vous assurer que vous partagez la même vision de votre avenir, les mêmes rêves et les mêmes priorités.
- **Soyez observateurs.** Assurez-vous que la relation est équitable et réciproque. Vérifiez bien que votre moitié vous écoute autant que vous l'écoutez, que vous lui offrez autant d'affection qu'il/elle vous en offre.

Les premiers contacts avec les enfants : pas de précipitation !

Vous redoutez la rencontre au sommet? Normal, ce moment est souvent épineux... surtout s'il est trop précoce. Là encore, n'ayez qu'un crédo : patience et bonne préparation!

Pourquoi c'est important de ne pas hâter les présentations?

Bien qu'il s'agisse de votre bonheur, les enfants ont leur propre regard sur la situation, et la recomposition de la famille fait rarement partie de leurs plans. Pourtant, il va falloir les mettre au courant et créer les conditions dans lesquelles vous pourrez tous vivre ensemble, et heureux si possible. L'objectif vous semble (pour l'instant) trop ambitieux? Commencez par arranger les présentations, une étape cruciale de votre recomposition!

Votre to-do liste pour ne pas brusquer les enfants

- **Informez votre co-parent!** Parler à votre ex de votre coup de foudre? Vous imaginez déjà les dégâts et préféreriez franchement l'éviter. Oui, mais... plus votre ex sera à l'aise avec cette relation, plus il sera facile pour vos enfants de l'accepter. Et pour cause : vos petits ont, comme tous les enfants, un sentiment de loyauté envers leur autre parent et cherchent naturellement son approbation. Alors certes, vous n'obtiendrez peut-être pas des félicitations cordiales de votre ex, mais pour faciliter la vie à vos petits et pour votre tranquillité d'esprit, veillez à l'informer avant même d'en parler aux enfants!

- **Vos enfants sont extraordinaires (si si)?** Dites-le à votre nouvelle moitié! Prenez le temps de décrire leur caractère, leurs goûts et leurs particularités. Cela permettra à votre conjoint(e) de mieux se préparer à cette première rencontre.
- **Prévenez les enfants!** Sans grande pompe et en restant neutre, dites-leur simplement que vous avez rencontré quelqu'un que vous aimez bien. Votre objectif : éviter d'en faire des tonnes au moment de décrire l'élu(e) de votre cœur. Les enfants risquent de mal le prendre.
- **Choisissez un endroit où les enfants pourront s'isoler facilement s'ils en ressentent le besoin.** Certes, votre amoureux(-se) est merveilleux(-se), mais la rencontre risque tout de même d'être inconfortable pour eux. Mieux vaut donc convenir d'un rendez-vous à l'extérieur, dans un parc par exemple pour éviter un face-à-face désagréable.

- **Faites court!** Un week-end, des vacances avec une personne qui leur est encore étrangère? À ce stade ça peut être assez désagréable et beaucoup trop long. Les premiers contacts étant riches en émotions, 2-3 heures suffiront largement pour limiter la gêne et l'inconfort.

Et si la rencontre a été un flop?
Les enfants ont refusé de faire la bise, sont partis en claquant la porte ou ne sont même pas sortis de leur chambre? Pas d'inquiétude. Le premier rendez-vous, bien qu'important, ne définit pas la façon dont la relation entre les enfants et le beau-parent va se construire. Le premier succès viendra peut-être à la deuxième, troisième, ou dixième rencontre. Petit conseil : les enfants adorent l'humour, le jeu et les gourmandises. Une activité drôle, une blague bien placée ou un bon goûter permettront de détendre l'ambiance à la prochaine rencontre au sommet!

Vers l'emménagement : zen, on a le temps!

Emménager (enfin) ensemble... Vous en rêvez! Mais armez-vous encore d'un peu de patience pour tout bien organiser. Vous verrez, il vous reste encore mille et une choses à régler.

Pourquoi c'est important de ne pas se précipiter?

Emménager ensemble en tant que tribu recomposée, c'est un peu comme diriger à deux une entreprise : vous entamez là une vraie relation d'affaires. Vos prochaines missions : faire des plans, prévoir des échéances, planifier votre budget, calculer les dépenses, poser des priorités, gérer l'emploi du temps familial, le tout en continuant à vous occuper des enfants et en entretenant la flamme! Comme pour toute entreprise, une stratégie fine et une organisation de qualité sont les clés du succès.

Votre to-do liste pour préparer l'emménagement en toute sérénité

- **Mettez-vous d'accord sur la logistique** (budget, nouveau lieu de vie, détails de l'emménagement). Votre maison est vendue alors que la nouvelle n'a pas encore été trouvée? Vous comptez changer de quartier, mais les inscriptions à l'école sont déjà fermées? Votre boss ne veut pas entendre parler de télétravail malgré vos heures de transports décuplées? Ne négligez aucun obstacle sur votre route! Votre emménagement sera d'autant plus zen et vos nuits plus sereines.

6 questions à vous poser avant de penser à déménager!

- Est-ce possible aujourd'hui financièrement? Passez en revue vos revenus et vos dépenses (frais de garde, crédits, dépenses courantes) et prévoyez votre budget (voir p. 32).
- Avez-vous défini où vous habiterez?
- La distance jusqu'à vos lieux de travail est-elle raisonnable? Devrez-vous changer de travail?
- Quand et comment se passera l'emménagement?
- Que faut-il acheter/revendre/organiser en amont pour que tout se passe au mieux?
- Qui pourra vous aider?

- **Tenez les enfants au courant.** Votre aîné appréhende de perdre ses copains? Votre cadette refuse de s'éloigner de son autre parent? Si les petits n'ont pas toujours conscience des changements qui se profilent, les plus grands auront besoin d'être rassurés. Expliquez-leur en détails et étape par étape ce qui va changer et comment les choses vont se dérouler. Et n'oubliez pas de les rassurer : votre amour pour eux et leur relation avec leur autre parent ne changeront pas! Et grâce au téléphone, à la visio' et autre, ils pourront préserver le lien avec les amis.
- **Assurez-vous que votre plan de co-parentalité (frais, scolarité, garde des enfants) est bien ficelé.** Si ce n'est pas le cas, organisez les choses avec votre ex avant d'emménager avec votre nouveau conjoint(e).

Nos bons réflexes pour aider chacun à trouver ses marques

Entre les défis d'être beaux-parents, les rivalités dans la fratrie élargie, la jalousie de vos propres enfants, en passant par les éventuels projets d'un nouveau bébé, comment aider chacun à trouver sa place et à se sentir à l'aise? Il suffit parfois de quelques bons réflexes ciblés pour trouver un peu de paix dans votre (futur) foyer! Alors, c'est quoi votre problème du moment au juste?

Ma moitié n'est pas franchement prête à être beau-parent...

Annuler un resto parce que votre enfant est malade? Se lever 10 fois la nuit à cause d'un énième cauchemar? Votre nouvel amour ne connaît pas vraiment cela, a fortiori s'il n'a pas eu d'enfant! Et si vous profitiez de votre expérience de parent expert pour l'aider à y voir plus clair?

4 réflexes pour l'aider à trouver sa place

- **Briefez-le!** Bain, devoirs, crises de jalousie... qui est mieux placé que vous pour initier votre moitié aux joies de la parentalité? Expliquez à votre conjoint(e) comment vous faites et pourquoi.

- **Faites-lui confiance** et laissez-le/la s'impliquer. Réservez-lui des moments exclusifs où il/elle sera seul(e) avec vos enfants. Et, bien sûr, n'oubliez pas de valoriser ses efforts.
- **Aidez-le/la à trouver sa place.** Soutenez votre partenaire dans son nouveau rôle, montrez à vos enfants ses bons côtés, incluez-le/la dans votre quotidien familial et respectez son avis lors des prises de décisions.
- **Laissez-lui des moments de calme** pour souffler et retrouver un peu de sa liberté d'avant. Sa relation avec les enfants n'en sera que meilleure!

Nos petits se snobent allègrement...

De nouveaux frères et sœurs? Non, vraiment, ils refusent de signer pour ça! Alors, comment les faire changer d'avis? C'est parti!

7 réflexes pour amorcer le rapprochement

- **Allez-y progressivement!** Un goûter, une glace ensemble en ville seront, au début, largement suffisants.
- **Trouvez des activités fun et qui leur plaisent!** Augmentez progressivement la durée de leurs échanges en misant sur des activités plus longues, mais surtout ludiques : une après-midi accrobranche, un pique-nique au parc, une journée dans un parc d'attractions... Votre but : leur donner envie de participer!

- **Préparez-les!** Avant chaque rencontre, expliquez-leur comment tout se passera et où.
- **Offrez-leur une échappatoire!** Laissez à chacun (si possible) un espace d'intimité ou une possibilité de ne pas participer. S'ils n'ont pas envie de rester, expliquez-leur où ils peuvent s'isoler. Si vous êtes à l'extérieur, invitez-les simplement à rester avec vous.
- **Laissez-les bouger!** Rester assis ensemble peut être embarrassant. Optez pour des activités où ils seront libres de bouger et ne se sentiront pas toujours obligés de se parler.
- **Respectez leurs besoins!** Les plus grands ou les plus timides auront besoin de plus de temps pour nouer des liens avec les enfants de votre conjoint(e). Tenez compte de leurs tempéraments.
- **Rassurez-les** : ils ne sont pas obligés de s'aimer !

Je n'ai pas (vraiment) de succès auprès de ses enfants...

Vous adorez votre moitié, mais lorsqu'il s'agit de ses enfants, vous ne savez pas vraiment sur quel pied danser. Voici quelques solutions pour y remédier.

4 réflexes pour éviter l'effet marâtre/parâtre

- **Faites le premier pas.** N'attendez pas que vos beaux-enfants se jettent dans vos bras. Parlez avec eux, apportez un petit cadeau, lancez un jeu. Bref, intéressez-vous à eux !
- **Demandez conseil à votre moitié.** Qui mieux qu'elle/lui pourra vous expliquer comment communiquer avec ses enfants ? Alors parlez d'eux tous les deux, et souvent !
- **Ne renoncez pas.** Ils vous rejetteront sans doute, et plus d'une fois… mais ne désespérez pas. Vous avez plus d'un tour dans votre sac pour les charmer, persévérez !
- **Imprégnez-vous.** Si vous n'avez jamais eu d'enfants, faites un stage chez votre moitié ! Demandez-lui de vous expliquer comment il/elle fait avec ses petits. Observez et suivez son exemple : ses gestes et attitudes au quotidien. Autre idée : lisez des livres et écoutez des podcasts sur la parentalité.

Notre projet de bébé ne suscite pas trop l'engouement…

Un nouveau bébé pour consolider votre union ? Cela peut être un super plan ! Les études montrent en effet que dans beaucoup de familles recomposées, l'arrivée d'un bébé agit comme un ciment qui permet de souder la tribu… à condition d'être tous les deux partants, de bien vous y préparer et de coacher vos enfants : non, ce petit frère ou cette petite sœur ne leur volera pas leur place !

5 bons réflexes pour les préparer à l'arrivée d'un nouveau bébé

- **Prévenez-les suffisamment en avance** pour qu'ils aient le temps de se faire à l'idée. Si le bébé est déjà en chemin, attendez toutefois (si vous le pouvez) la fin du premier trimestre.
- **Impliquez-les dans les préparatifs.** Demandez leur avis sur l'aménagement de la chambre ou organisez une virée shopping pour choisir les tenues du bébé. Et après la naissance, faites-les participer aux soins. Cela permettra aux enfants de nouer des liens dès la naissance et les valorisera dans leur rôle de grands.
- **Organisez une petite fête de prénaissance** pour donner une tonalité joyeuse à cet heureux événement.
- **Gardez les mêmes routines.** Rassurez vos petits en leur précisant que certes, ce bébé va représenter un grand changement, mais que vous conserverez les bonnes habitudes que vous avez mises en place. Si vous voulez changer le quotidien ou réorganiser la maison, faites-le progressivement, sans brusquer les enfants et sans chambouler leurs repères.
- **Mettez l'accent sur le positif.** En accueillant ce nouveau membre dans la famille, les enfants perdront un peu de votre temps et de votre attention. Rassurez-les en pointant tout ce qu'ils y gagneront : un nouveau compagnon de jeu, un bébé à câliner, une source de joie et de rire.

Chapitre 2

On se lance !

Enfin, c'est le grand jour ! Après avoir informé toutes les petites et grandes instances (enfants, ex(s), famille et amis), vous voilà prêts à franchir le grand pas : emménager ensemble. Finis les *dates* éclairs, les séparations et les rendez-vous secrets, la vraie vie de votre nouvelle tribu est sur le point de commencer ! Mais pour que tout se passe comme vous le souhaiteriez, il va falloir vous organiser. Au programme : l'aménagement de votre nouveau #homesweethome et l'organisation de votre budget familial. Haut les cœurs !

Aménager en tribu : à chaque problème, sa solution !

Certes, passer de deux foyers à un n'est pas forcément une chose aisée, mais avec un peu d'organisation et un brin d'imagination, vous allez gérer comme des champions ! Votre priorité pour commencer : trouver une solution sur-mesure pour créer un cocon zen à votre tribu.

Vivre ensemble ? Ok, mais on aimerait avoir notre intimité !

Le petit hic qui risque de se poser

Certes, vous vivrez ensemble, mais vos intérêts du moment seront souvent différents, voire carrément opposés ! Entre votre beau-fils qui joue, votre belle-fille qui lit, votre enfant qui a besoin de se dépenser et vos propres besoins (légitimes) de calme et d'intimité, comment répondre aux attentes de tout ce petit monde ?

Et si vous vous inspiriez des pépites créatives du *home-staging*? Cette technique, née aux États-Unis dans les années 1970, vous permettra de créer un intérieur chaleureux tout en répondant aux humeurs de chacun. Alors, curieux?

Nos solutions *home-staging* pour respecter l'intimité de chacun

- **Délimitez.** Un tapis pour marquer le coin jeux, une jolie plante verte ou un paravent pour cloisonner le salon et la salle à manger... Grâce à plusieurs mini-zones dédiées, vos enfants respectifs se repèreront mieux dans ce nouveau *home sweet home*.
- **Désencombrez.** Plus vous serez nombreux et moins vous aurez d'espace : c'est malheureusement mathématique! L'une des meilleures façons de se côtoyer sans se marcher sur les pieds : alléger! Préférez les meubles peu encombrants et ne gardez que le nécessaire. Faites du tri et du rangement une habitude précieuse. Moins d'affaires = Plus de place pour toute la tribu = plus de calme!

On croule sous les affaires

Le petit hic qui risque de se poser

Vous retrouver avec 3 canapés et 2 lave-vaisselles sur les bras! Pour éviter que votre nouveau cocon ne se transforme rapidement en débarras, un seul mot d'ordre : AN-TI-CI-PER!

Notre to-do liste pour ne pas être submergés

- **Évaluez l'espace de votre nouveau #sweethome** (nombre de chambres, surface...) AVANT de déménager!
- **Réunissez un «conseil de famille»** (voir TEF p. 51) pour établir un plan d'attaque. Meubles, objets, électroménager : notez soigneusement ce que chacun ramène... et ce que vous posterez sur leboncoin.
- **Allégez!** Vos penderies, coffres à jouets, étagères à livres, placards à vaisselle, tout doit passer au peigne fin avant d'emménager. Vendez, donnez, offrez, jetez! C'est le moment de faire un grand ménage.

On a tous des goûts différents!

Le petit hic qui risque de se poser

Côté déco, vous voyez mal comment concilier votre goût des intérieurs scandinaves et les vieux meubles de famille de votre chéri(e) auxquels toute sa petite tribu tient tant! Autre problème : votre belle-fille tient à mettre son pouf rose flashy préféré au milieu de votre nouveau salon ? Comment mettre tout ce petit monde d'accord ?

Notre to-do liste pour savourer ce nouvel intérieur en tribu

- **Prenez des voies alternatives.** Si vous n'arrivez pas à trouver le style qui vous convienne à tous, visez celui qui ne déplaît à personne ! Feuilletez ensemble des magazines, regardez les sites de déco ou baladez-vous tous ensemble dans des boutiques de meubles ou des brocantes pour piocher de nouvelles idées. Vous dénicherez peut-être pour votre cocon un style nouveau qui plaira à tous les membres de votre nouvelle tribu. Et bien sûr, n'oubliez pas de demander l'avis de vos enfants respectifs, ils pourront aussi vous souffler quelques conseils !
- **Écoutez (dans la mesure du possible) la voix de tous.** Faites tous (vos enfants compris !) une liste de 3 meubles/accessoires que vous voulez absolument garder et voyez comment vous pouvez trouver un arrangement : mettre la vieille commode dans l'entrée, le pouf rose dans le coin lecture, les maquettes d'avions de papa sur une console dans le salon, les cadres avec les photos de leur maman/papa dans leur chambre… Au final, peu importe l'endroit où se trouvera leur objet fétiche, ce qui compte pour les enfants c'est de ne pas s'en séparer.

- **Cherchez des compromis.** Vous êtes fan du style champêtre, votre moitié (et toute sa tribu) sont habitués au contemporain ? Voyez comment vous pouvez concilier les deux : un clan choisit les meubles, l'autre la couleur des murs et les accessoires déco, etc.
- **Tirez au sort ou jouez à la courte-paille !** Vous n'arrivez vraiment pas à vous mettre d'accord sur lequel des deux canapés vous allez garder. Évidemment, vos enfants sont habitués au vôtre, les petits de votre moitié au leur ! Pour mettre fin aux négociations sans fin, faites jouer le destin. Faites un tirage au sort ou jouez à la courte paille.

On est justes niveau salle de bain !

Le petit hic qui risque de se poser

Entre votre belle-fille qui squatte la salle de bain pendant des heures, le pyjama de votre petit qui est resté à l'intérieur et l'heure du bain du bébé qui approche, votre salle de bain est constamment prise d'assaut. Pour accommoder tout ce petit monde, une organisation de champion s'impose !

Notre to-do liste pour éviter d'en venir aux mains au moment de prendre le bain

- **Pour mieux gérer le temps :** établissez des roulements en tenant compte des besoins et des horaires des enfants et n'oubliez pas d'afficher les horaires de passage pour que personne n'oublie! N'hésitez pas à installer un minuteur malin ou une enceinte connectée pour aider vos bambins à mieux gérer leur temps. Dès que la musique s'arrête, l'enfant libère la salle de bain!
- **Pour respecter l'intimité de chacun :** fabriquez en famille une petite pancarte réversible figurant d'un côté la mention «occupé» et «libre» de l'autre. Accrochez-la sur la porte et n'oubliez pas d'expliquer à vos enfants à quoi elle sert et comment et quand l'utiliser.
- **Pour ne pas mélanger les affaires,** attribuez à chacun des enfants de la tribu des étiquettes personnalisées, puis marquez leurs brosses à dents, shampoings, peignes, serviettes de bain, gants de toilette. Les enfants (et vous aussi!) reconnaîtront plus facilement leurs affaires.

Où commander nos étiquettes personnalisées?
- *A-qui-S : www.a-qui-s.fr*
- *ludilabel : www.ludilabel.fr*
- *c-monetiquette : www.c-monetiquette.fr*
- *etiquettes-folies : www.etiquettes-folies.fr*
- *stickerkid : www.stickerkid.fr*
- *mes petites étiquettes : www.mespetitesetiquettes.com*

- **Pour éviter le bazar, ne lésinez pas sur les rangements!**

Paniers à linge, compartiments dédiés, tiroirs individuels, boîtes, casiers... tout est permis pour encourager vos petits à garder la salle de bain en ordre! Proposez-leur de créer une boîte à trésors où ils pourront ranger leurs peignes, crèmes, élastiques, petits bijoux et compagnie. Victoire à la clé : une pièce bien rangée et moins de conflits!

Notre tuto pour fabriquer une boîte à trésors

Le matériel qu'il vous faut :
- 1 boîte de rangement refermable (laissez chaque enfant choisir sa couleur);
- du *masking tape* et des gommettes;
- 1 étiquette avec le prénom de l'enfant.

- Décorez la boîte à l'aide du *masking tape* et/ou des gommettes, puis collez l'étiquette personnalisée (ou utilisez des gommettes lettres pour inscrire son prénom sur sa boîte).

- Laissez-le remplir sa boîte à trésors en y rangeant tous ses petits accessoires indispensables dans la salle de bain.

Ils vont devoir partager leur chambre !

Le petit hic qui risque de se poser

Vous avez plus d'enfants que de chambres ? Aïe, il va falloir partager ! Le problème : mettre ensemble des enfants qui se connaissent à peine peut être tout un casse-tête ! Non seulement ils peuvent être troublés à l'idée de dormir dans la même pièce que des personnes qui leur sont encore étrangères, mais ils étaient peut-être habitués à avoir leur propre chambre dans leur vie d'avant. Votre solution pour faciliter la transition : partager l'espace de façon à ce que chacun possède une jolie petite tanière où il pourra jouer, travailler, lire et dormir dans le calme et en toute intimité.

Notre to-do liste pour offrir à chacun son petit espace « perso »

- **Délimitez les espaces** en marquant le territoire de chacun grâce aux tons de peinture différents ou au *masking tape* collé par terre et/ou sur les murs. Vous pouvez aussi séparer les espaces en plaçant au milieu de la pièce un bureau, une étagère ou un paravent.
- **Attribuez à chacun des espaces de rangement rien qu'à lui :** un rayon d'une armoire ou un casier pour ranger ses vêtements, une étagère ou un coffre à jouets perso pour ranger ses livres, photos et jouets, etc. Prévoyez également un tiroir à clé ou un mini coffre-fort pour qu'il puisse garder ses petits secrets en toute sécurité.
- **Pensez aux lumières adaptées !** Si vos (beaux-)enfants aiment lire au lit, installez-leur une petite lampe LED ou une liseuse qui leur permettra de lire en toute tranquillité, sans se déranger les uns les autres. Et n'oubliez pas une petite lampe de poche leur facilitera les expéditions pipi au milieu de la nuit (et sans bruit !).

- **Offrez-leur du calme** grâce à un rideau ou une tente de lit. Si le bruit ambiant les fatigue ou les dérange trop, investissez dans un casque antibruit.
- **Devenez maître en médiation!** Ils ne sont pas d'accord sur la couleur des rideaux ou le motif du tapis? Cherchez un consensus : l'un choisit les rideaux, l'autre le tapis ou proposez vous-même une option alternative qui ne fâche personne.

Vive la chambre partagée!

Vous culpabilisez que vos petits partagent désormais leur nid? *Re-la-ti-vi-sez*! La chambre individuelle est un phénomène relativement récent qui reflète surtout l'importance accordée dans notre société à l'autonomie et à la liberté. Or, depuis toujours et dans de nombreuses cultures encore aujourd'hui, les enfants partagent les chambres à 2, 3, voire plus. La chambre partagée a en effet beaucoup d'aspects positifs. En plus de faire gagner de la place, elle permet notamment de :

- multiplier les moments de complicité;
- se libérer de peurs grâce à la présence rassurante d'autres enfants;
- apprendre à vivre ensemble, à partager et à respecter le sommeil et les affaires des autres.

Vos enfants et vos beaux-enfants rouspètent? Vous verrez : après un moment de transition, ils y prendront goût, et vous ne pourrez plus les séparer!

On envahit leur espace (ou vice versa) !

Le petit hic qui risque de se poser

Il/Elle emménage chez vous ou vous déménagez chez lui/elle? Votre mission : faire en sorte que les nouveaux arrivants trouvent rapidement leurs marques et que les anciens propriétaires ne se sentent pas lésés. Au programme : l'espace de vie à repenser, de nouveaux meubles à caser, les goûts de chacun à respecter… C'est parti!

Notre to-do liste pour que chacun se sente vraiment chez lui!

- **Demandez à vos (beaux-)enfants de participer.** Ils vont partager les chambres? Vous comptez changer la déco et remplacer les meubles? Demandez leur avis pour le choix de votre nouvelle salle de bains, emmenez-les choisir les accessoires déco avec vous… ils ont aussi leur mot à dire. Impliquez-les!

- **Réaménagez l'intérieur** autant que possible pour chasser tout résidu de votre/son ancienne vie. Certes, vos (beaux-)enfants ne seront pas ravis de ces réaménagements, alors prenez un moment pour leur expliquer les choses tranquillement et laissez-les garder quelques objets auxquels ils tiennent vraiment. Il/Elle adore ce joli plaid douillet de sa maman ? Proposez-lui de le prendre dans sa nouvelle chambre.
- **Déplacez la chambre parentale.** L'ancienne appartient désormais au passé. Votre crédo : Nouvelle vie = nouveau cocon amoureux. Et si la place ne le permet pas, repensez l'intérieur de votre/son ancienne chambre pour qu'elle corresponde davantage au goût de votre couple actuel. Bref, offrez à votre nid d'amour une nouvelle vie !

Notre programme pour des chambres d'enfant douillettes

Quoi de mieux qu'un nid douillet pour permettre à vos petits de mieux vivre votre installation tous ensemble ? Pour cela, créez en deux temps, trois mouvements une chambre où ils auront du plaisir à jouer/travailler, dormiront comme des petits loirs ET qu'ils auront envie de ranger (si, si c'est possible !) Alors, faites de la déco votre meilleure alliée et, surtout, laissez vos enfants vous guider !

Il n'est là que le week-end : on fait quoi ?
Même s'il n'est là qu'en fin de semaine, l'enfant a malgré tout sa place à part entière dans votre tribu. Pour l'aider à se sentir chez lui, veillez à garder ces trois règles à l'esprit :

1. **Créez un espace intime** et accueillant rien que pour lui.
2. **Respectez ses affaires.** Les enfants veulent jouer avec ses voitures ou emprunter (rien que cinq minutes !) sa Barbie ? Hors de question de le faire sans son autorisation ! Et s'il dit oui, après avoir joué, on remet les choses au bon endroit.
3. **Traitez-le comme tout le monde !** Lorsqu'il est là, ne faites aucune exception, quelle que soit la durée de son séjour, il a les mêmes droits et obligations que les autres. Incluez-le dans les tâches ménagères et autres activités familiales. Votre but : lui permettre de se sentir aimé et à sa place dans votre nouvelle famille.

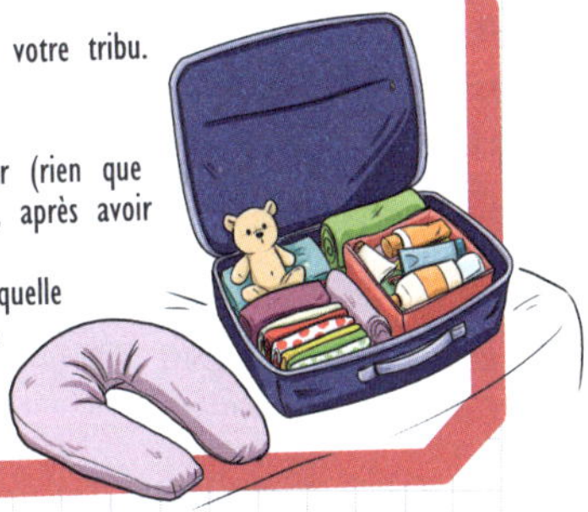

On rend leur chambre fun !

Pourquoi c'est important pour eux ?

Pour les enfants, la chambre est un univers magique. C'est à la fois un lieu de jeu, de travail et de repos. Grande ou petite, finalement peu importe ! C'est surtout l'ambiance qui y règne qui compte. C'est d'autant plus important en ces temps de transition où vos petits ne sont peut-être pas d'humeur la plus joyeuse. Alors pour créer pour eux un havre de joie, douillet et cosy, votre mot d'ordre est simple : VOUS A-MU-SER. Y a-t-il un meilleur endroit pour jouer avec les codes et les couleurs qu'une chambre d'enfant ? C'est parti !

Alors, on tente...

des guirlandes lumineuses pour une lumière tamisée, un tableau noir pour dessiner, jouer à la maîtresse ou faire les devoirs, des accessoires de gym pour les petits sportifs… N'hésitez pas à transformer leur espace pour qu'ils aient envie de s'y amuser et d'y rester. Tout est permis pour les aider à s'approprier leur nouveau lieu de vie.

Par contre, on évite de ...

trop encombrer leur espace ! Une chambre nette et bien rangée stimule le jeu libre et la créativité. À l'inverse, dans un espace saturé d'objets et de jouets, le cerveau des enfants est trop sollicité pour pouvoir se reposer pleinement et se concentrer longuement. Votre mot d'ordre : limitez le nombre de jouets à leur portée pour qu'ils puissent bien s'amuser.

On respecte leurs goûts !

Pourquoi c'est important pour eux ?

Vous amuser en décorant leurs chambres, c'est une chose… mais attention aux faux pas ! Rappelez-vous : tout (ou presque) est nouveau pour vos (beaux-)enfants. Alors pour leur offrir des repères rassurants, aménagez leurs chambres selon leurs goûts. Non seulement les enfants se sentiront mieux dans un endroit qui reflètera leur univers, mais cela leur montrera aussi que vous avez pensé à eux, tout prévu, et que leur bien-être compte pour vous.

Alors, on tente...

Questionnez-les, proposez-leur des idées pour l'aménagement de leur chambre, écoutez leurs envies… Certes, vous ne pourrez pas toutes les satisfaire, alors écoutez-les simplement, puis décidez ensemble de ce qui est possible (ou non) !

Par contre, on évite de ...

céder à leurs moindres désirs ! La recomposition de la tribu s'accompagne souvent d'une certaine culpabilité à l'égard des enfants, et l'envie est fréquente de « se racheter » grâce aux petites attentions. Même si vos petits réclament haut et fort une nouvelle peluche ou un joli bureau (comme chez le copain Léo), ne vous sentez pas dans l'obligation de céder. Ce qu'il faut aux enfants pour mieux vivre la transition, c'est plus d'amour et d'affection, pas des choses matérielles.

On devient adeptes de la méthode KonMari !

Pourquoi c'est important pour eux ?

Votre fille et votre belle-fille se chamaillent sans cesse depuis l'aménagement ? Et si tout n'était qu'une question de rangement ? Votre solution : déjouer les inévitables conflits de voisinage grâce à des rangements fonctionnels, simples et faciles d'accès. Vos enfants (et vous-mêmes) avez tout à y gagner.

D'abord, ils se disputeront moins : quand chacun sait où se trouvent ses affaires, le nombre de conflits diminue comme par magie !

Ensuite, un espace propre et rangé apaise les enfants et leur procure un sentiment de protection et de confiance.

Enfin, bien équipée, votre nouvelle tribu prendra aussi l'habitude de ranger !

Alors, on tente...

la méthode de la reine du rangement Marie Kondo pour faire de la chambre de vos enfants un écrin de calme, de joie et d'ordre ! Par où commencer ?

Marie Kondo : c'est qui au juste ?
Auteure du best-seller *La magie du rangement* (Éd. Pocket), cette experte en organisation d'origine japonaise a mis au point la méthode KonMari pour donner à chacun l'envie (et le courage) de ranger ! Le crédo de cette adepte du minimalisme et du Feng Shui : vous aider à vous discipliner face au rangement pour alléger votre cocon de vie (et votre quotidien) et ne garder que les choses utiles, et/ou qui vous apportent des ondes positives.

- **Triez et rangez régulièrement.** Pour garder place nette, *exit* tout ce qui n'est pas adapté à l'âge de vos petits. Offrez/Donnez les objets en double, jetez les jouets cassés ou ébréchés. Votre petite tribu rechigne à mettre la main à la pâte ? Inspirez-vous de la CNV (alias communication non violente, voir p. 49) et misez sur des formules positives. Au lieu de dire : « Jette ce que tu n'utilises pas ! » ; préférez : « Laisse ce que tu veux vraiment garder ».
- **Classez par catégorie.** Peluches, Playmobil, jeux de construction ou de société et poupées ont tous droit à une caisse, un rayon ou un casier attitré. Pour les petits objets qui jonchent le sol et les bureaux de vos enfants, optez pour des sachets et trousses refermables (type sac de congélation) que vous rangerez à la verticale pour que vos petits puissent facilement les voir et, surtout, les remettre à leur place.

Par contre, on évite de...

se stresser en étant trop à cheval sur le rangement. Cela reste tout de même des chambres d'enfants.

Notre programme pour bien gérer notre nouveau budget

Les vacances, les assurances, le frigo à peine rempli déjà vidé, la machine à laver qui lâche (toujours) au pire moment… La perspective de devoir gérer un budget beaucoup plus compliqué vous angoisse? Pas de panique! Procédez par étape et vous allez y arriver mieux que vous ne l'imaginiez.

On règle les factures du passé

D'anciens emprunts à rembourser, des factures à régler, la fin du bail à signer, la vente de votre ancienne maison à finaliser… Il vous reste des engagements financiers avec votre ex et votre vie d'avant? C'est le moment de les clôturer. Votre objectif : partir l'esprit libre et le cœur léger… quitte à reporter de quelque temps votre nouveau projet d'installation (si c'est possible, évidemment!).

On s'accorde sur nos priorités

Pour les repas, vous êtes plutôt en mode #bio et #healthy, alors que votre moitié est adepte du «moins c'est cher, mieux c'est»? Votre crédo, c'est plutôt «On ne vit qu'une fois!» alors que pour elle/lui «chaque centime compte!»? Entre les besoins et les modes de consommation de chacun, il n'est pas toujours facile de s'accorder. Restez zen! Commencez par en discuter, puis appliquez la méthode 50-30-20 (voir p. 35) pour mieux vous aligner.

On organise nos comptes

Comptes joints, comptes séparés, un mix des deux… Quand il s'agit de vos finances, vous ne savez pas trop sur quel pied danser, d'autant plus que vos expériences passées vous ont (peut-être) un peu échaudé(e). Mais maintenant que votre installation est d'actualité, il va falloir vous y pencher! Quelle est la meilleure option pour votre nouveau budget? Répondez à ces quelques questions pour faire le point.

Seriez-vous partant(e) pour participer aux dépenses de votre moitié ou de ses enfants ?

- Pas vraiment !
- Pourquoi pas, mais cela dépend desquelles !
- Évidemment !

Seriez-vous prêt(e) à attribuer l'ensemble de vos revenus au budget de votre nouvelle tribu ?

- Of course !
- Faut qu'on en parle !
- Pas moyen !

Repas, sorties, petits plaisirs : vos modes de consommation sont…

- en phase !
- diamétralement opposés !
- plutôt similaires, à quelques (gros) détails près.

Pour toutes les dépenses communes (alimentation, loyer ou emprunt, factures, etc.), vous envisagez plutôt de :

- régler de manière proportionnelle, après tout, ils sont beaucoup plus/moins nombreux du côté de votre conjoint(e) !
- gérer chacun de votre côté.
- tout partager à parts égales.

Garder une part de vos revenus pour vos dépenses personnelles, c'est :

- absolument essentiel !
- normal, chacun doit savoir se faire plaisir et/ou être prévoyant(e).
- sans intérêt, vous préférez tout partager !

Au quotidien, la somme que vous dépensez chacun pour vos enfants (activités extrascolaires, frais de santé, jouets/habillement, etc.) est :

- une chasse gardée, chacun se débrouille !
- assez similaire.
- à des années-lumière. Vous dépensez sans compter, il/elle est plutôt spartiate (ou vice versa).

En matière de budget, vous êtes plutôt…

- free-style, vous verrez bien à la fin du mois !
- attentif si nécessaire, vous prévoyez les grosses dépenses, mais restez en mode cool pour le reste !
- minutieux, vous notez toutes vos dépenses au fil de l'eau.

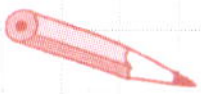

Faites les comptes !

Vous avez un maximum de : *C'est sûr, on conserve des comptes séparés !*

En matière de budget, une chose est certaine : vous voulez rester maître de votre argent, préserver votre autonomie et votre liberté !

En choisissant des comptes séparés, vous assumerez donc chacun de votre côté vos dépenses personnelles et celles de vos enfants et contribuerez, à parts égales ou à hauteur de vos revenus, aux dépenses communes.

Un bon réflexe à adopter : notez quotidiennement vos dépenses communes pour les répartir équitablement !

Vous avez un maximum de : *C'est décidé, on ouvre un compte joint !*

Rien que d'y penser, cela vous donne le tournis ! Non, vraiment, vous n'imaginez pas gérer l'argent de la famille de manière séparée. Quels que soient vos revenus et le nombre respectif d'enfants, vous n'avez qu'un crédo : le partage et la générosité.

Vous préférerez donc sûrement mettre tout en commun et vous faire mutuellement confiance pour la gestion de vos dépenses, toujours ensemble, évidemment !

Un bon réflexe à adopter : veillez à laisser à l'autre un minimum de liberté dans ses dépenses.

Vous avez un maximum de : *On opte pour une solution intermédiaire !*

Les comptes d'apothicaire ? Très peu pour vous ! Par contre, l'autonomie financière, c'est votre truc. Résultat, vous serez sûrement plus sereins avec une solution intermédiaire (un compte perso pour chacun et un compte joint pour votre tribu) qui vous permettra 1. de faciliter votre quotidien, 2. de vous faire confiance et de partager, 3. de préserver une part de liberté pour vos dépenses perso !

Un bon réflexe à adopter : réévaluez régulièrement votre budget commun pour l'ajuster à vos besoins.

Une appli pour éviter les couacs budgétaires !

Les tableaux et les chiffres vous effraient ? Pas très fan des tableaux Excel ? Tablez sur les applis qui vous permettront notamment de :

- synchroniser plusieurs banques et comptes ;
- catégoriser et suivre vos dépenses ;
- calculer votre solde ;
- vous alerter en cas de retrait ou de virement important ;
- vous alerter si votre solde est proche de zéro ;
- visualiser l'évolution de vos comptes grâce à des graphiques.

Les applis qu'il vous faut ?
Bankin', Home Budget Manager, Linxo, Wallet, Toshl (Android et iOS), ou encore Expense IQ (uniquement sur Android).

On se pose les bonnes questions !

L'épineux dilemme des comptes est réglé ? Comme les bonnes questions appellent les bonnes réponses, prenez le temps de vous poser et de vous creuser les méninges ensemble afin de vous organiser au mieux.

On se demande :	Vos réponses…
Qui gérera le budget familial (lui/elle, moi, tous les deux) ?	
Quels seront les revenus de notre foyer ?	
Quel montant pourrons-nous (chacun) allouer aux dépenses courantes ?	
Quels seront nos outils de gestion : papier, Excel ou appli ?	
Quelles seront nos dépenses fixes (loyer, assurances, emprunts, téléphones, abonnements) ?	
Combien voulons-nous accorder aux dépenses exceptionnelles (achat d'une voiture, vacances, etc.) ?	
Peut-on regrouper nos forfaits/assurances auprès d'un même fournisseur pour bénéficier d'un meilleur tarif ?	
Quels avantages pourrons-nous obtenir grâce à notre tribu élargie (carte famille nombreuse, aides/allocations) ?	
Devra-t-on changer de voiture ou en racheter une ?	
D'autres questions à se poser ?	

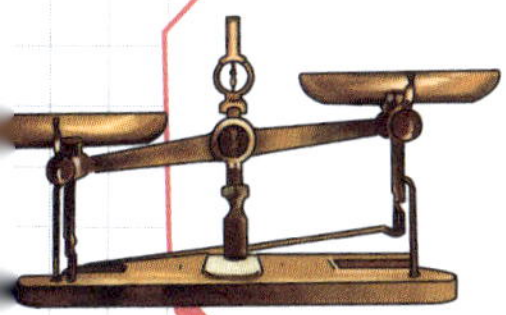

Dépenses : misez sur l'équité !
Contrairement à l'égalité qui veut qu'on offre « tout pareil » à tout le monde, l'équité signifie « répondre judicieusement aux besoins de chacun ». Qu'il s'agisse de vos enfants ou de ceux de votre chéri(e), si vous achetez un vélo à un enfant, ne vous sentez pas obligés de dépenser la même somme pour les autres. Viendra le jour où ce sera leur tour d'être gâtés. Misez sur des dépenses équitables en fonction des besoins (réels !) de chaque enfant.

On gère le quotidien !

Recomposer une tribu signifie souvent se retrouver du jour au lendemain à la tête d'une famille nombreuse. Hier, vous étiez 3, aujourd'hui vous êtes peut-être 6 (ou plus !). Pour préserver un bon équilibre de vie, voire même mettre un peu d'argent de côté et ne pas vous retrouver dans le rouge à la fin de chaque mois, adoptez la méthode 50-30-20. Rien de tel pour réveiller le comptable qui sommeille en vous !

Le 50-30-20 : quésaco exactement ?

Cette méthode de gestion budgétaire a été mise au point par Elizabeth Warren, ancienne professeure de Harvard et sénatrice des États-Unis. Son idée ? Répartir tous les mois, vos dépenses en 3 parts :

- 50 % pour les besoins (en bleu sur le schéma) ;
- 30 % pour les envies (en orange) ;
- 20 % pour l'épargne (en gris).

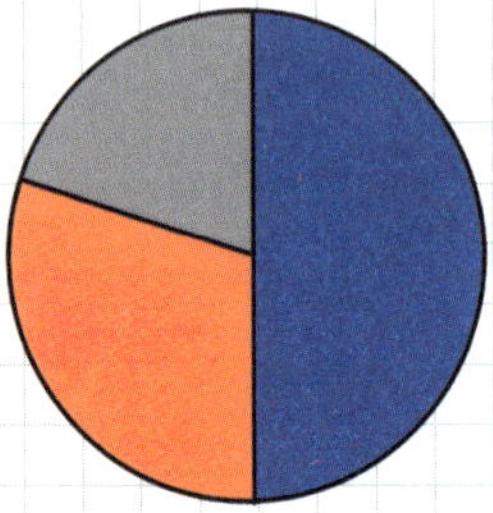

Cette équation permettra de visualiser facilement l'état des finances de votre tribu, de définir rapidement les écarts entre votre budget et votre train de vie et de rétablir l'équilibre.

Notre pas-à-pas pour gérer notre budget comme des pros

- **Faites un bilan !** Notez soigneusement tous vos revenus (salaires, bénéfices, primes, aides, allocations, pensions alimentaires, etc.) et évaluez vos dépenses mensuelles actuelles. Aujourd'hui, combien attribuez-vous aux dépenses d'une absolue nécessité (logement, charges, loyer ou emprunt, mensualités, alimentation, santé) ? Quel budget « plaisir » vous accordez-vous (loisirs, restaurants, etc.) ? Combien épargnez-vous ?

Besoins, envies, épargne… Calculez en pourcentage ce que représentent ces différents postes dans le budget de votre tribu et reportez-les dans le cercle ci-contre.

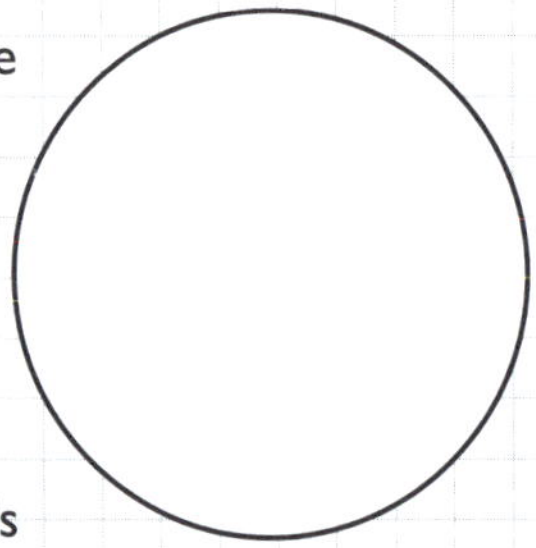

- **Puis, rééquilibrez !** Pour apporter plus d'équilibre à vos finances et échapper aux fins de mois compliquées, reportez ici vos chiffres actuels en notant les bonnes idées que vous pourriez avoir pour être « dans les clous ».

Votre objectif	Votre situation actuelle	Vos idées pour rectifier le tir
Réduire à 50% de votre budget vos dépenses essentielles		–
Ne pas dépenser plus de 30 % en extras.		–
Mettre 20 % de côté.		–

- **Soyez réalistes et indulgents avec vous-mêmes !**

L'état de vos finances ne vous permet pas (pour l'instant) de mettre 20 % de côté ? Commencez par constituer un fond d'urgence qui vous servira à couvrir les aléas (un lave-vaisselle en panne, une paire de lunettes cassée, des travaux imprévus, etc.) Réunissez dès le départ un petit fonds d'épargne, puis réapprovisionnez-le régulièrement. Une alternative : assignez chaque mois une petite somme qui servira à couvrir les gros moments de dépenses de l'année : cadeaux de Noël, rentrée scolaire, vacances, etc. Le moment venu, vous n'aurez qu'à piocher dans votre bourse secrète !

Chapitre 3

On tisse de nouveaux liens

Vous voilà tous sous le même toit ! Prochaine étape : apprendre à vivre ensemble et faire en sorte que chaque membre de votre nouvelle tribu trouve sa place et s'y sente bien ! Et ce n'est pas toujours évident, car oui, votre vie de tribu recomposée est un peu comme votre série préférée avec ses grandes joies et ses petits rebondissements. Heureusement, il existe (là encore) quelques secrets pour vous assurer une *happy end* : apprendre à bien vous connaître, passer du bon temps ensemble et communiquer intelligemment. C'est parti !

4 règles d'or pour prévenir les conflits de loyauté

Vos (beaux-)enfants vous font la tête ou vous accablent sans cesse de reproches ? Et si l'explication se cachait dans un conflit de loyauté ?

Un conflit de loyauté, c'est quoi au juste ?
Le beau-parent représente aux yeux d'un enfant un intrus qui a pris la place d'un de ses parents (du moins au début). Le conflit de loyauté apparaît alors lorsque le petit a l'impression de trahir son autre parent en s'attachant à son beau-parent. Un conseil utile : ne surréagissez pas à cette agressivité naturelle qui s'atténuera avec le temps. Soyez patient(e) !

1. On ne critique jamais nos co-parents devant les enfants

Face à certains comportements de votre (ou de son) ex, vous devez parfois vous mordre la langue pour ne pas exploser ? Vous avez raison, il n'y a pour l'heure que cela à faire !

Notre solution pour ne pas (trop) médire sur vos ex

Même si vos caractères et vos pratiques éducatives sont radicalement opposés, abstenez-vous de toute critique en présence des enfants. Ils vivront mieux la recomposition et accepteront plus facilement votre nouvelle union. Et si vous tenez absolument à mettre les choses au clair avec votre ex, optez pour les outils d'une communication efficace (voir p. 49 et suivantes) et choisissez un moment où les enfants sont absents.

2. On exprime notre amour en privé !

Vous embrasser, vous câliner quand vous en avez envie, c'est génial… sauf quand vous êtes en présence des enfants ! En effet, face aux gestes d'affection à l'égard de votre nouvel amour, vos enfants risquent de ressentir de la jalousie et/ou de l'inconfort par loyauté envers leur parent absent.

Notre solution pour ne pas dégouliner de love

Sans vous brider complètement, soyez pudiques dans vos gestes de tendresse et réservez-les si possible aux moments où vous êtes seuls.

3. On laisse les enfants garder le lien avec leur parent absent

Votre fils veut à tout prix appeler son père tous les soirs avant de se coucher ? Votre belle-fille réclame que vous lui prépariez un plat de sa mère ? Accordez-leur ce plaisir ! Grâce à ce lien invisible qui les unit à leur parent, vos petits se sentiront rassurés et moins affectés par la séparation. Résultat : ils seront plus faciles à vivre et accepteront la recomposition plus facilement. A contrario, vous énerver à chaque fois qu'ils vous compareront à leur autre parent (car oui, cela arrivera !) vous mènera forcément à un conflit… de loyauté ! Soyez donc tolérant(e).

Nos solutions pour laisser (un peu) de place aux ex

- Dites ouvertement à vos enfants (et à vos beaux-enfants) qu'ils ont le droit d'aimer leur autre parent et laissez-les profiter de lui sereinement. Tout le monde en sortira gagnant.
- Permettez-leur de téléphoner à leur père/mère aussi souvent qu'ils en ont besoin.
- Votre belle-fille vous compare sans cesse à sa mère ? Au lieu de bouder et de ruminer dans votre coin, partagez son enthousiasme et complimentez sa mère aussi ! Bien sûr que sa maman est la plus belle ! Si vous avez des enfants, vous l'êtes aussi pour eux. Cela vous fera gagner des points.

4. On n'utilise pas les enfants comme des messagers

Vous ne serez pas toujours d'accord avec les décisions et les comportements de votre ex ou de l'ex de votre moitié. Cependant, évitez à tout prix d'utiliser les enfants comme des

messagers ! Vous avez l'impression que depuis votre séparation, votre ex a une envie constante de se racheter en cédant aux moindres caprices de vos enfants ? Et vous aimeriez que cela cesse. Pour ne pas mettre les enfants entre vous, évitez les phrases du type : « Tu diras à ton père que je ne suis pas d'accord ! ».

Notre solution pour nous comporter en adultes responsables

Si vous avez des messages à faire passer, faites-le vous-même et de manière civilisée. Plus facile à dire qu'à faire ? Et si vous vous inspiriez de la communication non violente (voir p. 49) ?

5 principes pour respecter les besoins des enfants

Pour aider les enfants de chacun à bien s'acclimater et créer du lien, un seul mot d'ordre : respecter avant tout leurs besoins.

On leur offre de la sécurité quel que soit leur âge !

C'est important pour eux car…

La sécurité ne se limite pas à interdire à vos enfants de courir sur le parking ou à leur rappeler d'attacher leur ceinture. Tout aussi important est le sentiment de sécurité intérieure. Celui-ci passe par un environnement familial sécurisant et la présence d'adultes aimants. Le hic : en ces temps de transition où tous leurs repères sont chamboulés, vos (beaux-)enfants ont d'autant plus besoin d'être rassurés sur la sécurité de leur nouveau cadre de vie, mais, aussi, sur les qualités de leur beau-parent et de ses enfants (s'il en a).

Notre to-do liste pour les rassurer

- **Créez une atmosphère sereine et douce** au sein de votre foyer. Gardez l'intérieur propre et rangé, soignez la déco (voir p. 29), mettez une petite musique douce… Même si vos enfants et vos beaux-enfants ne sont pas (pour l'instant) enchantés par cette nouvelle vie, ils s'habitueront plus facilement à un cocon accueillant et agréable à vivre.

- **Parlez avec calme et respect,** même quand ce n'est pas évident ! Les mots que vous utilisez et le ton chaleureux de votre voix apaiseront les enfants et les mettront en confiance.
- **Instaurez des règles de vie claires et constantes** (voir p. 61) qui contribueront à créer un climat paisible et rassurant dans votre tribu.

On les inonde d'amour

C'est important pour eux car...

Il est naturel que lors de la recomposition les enfants aient peur de perdre votre amour. Et pour cause : d'autres personnes font désormais partie de votre vie, et vos petits auront naturellement peur de partager votre affection, voire de la perdre ! Or, votre amour parental est un carburant qui permet à vos enfants de se sentir bien dans leur corps, dans leur tête et dans leur cœur. Et c'est aussi grâce à lui qu'ils arrivent à mieux vivre la transition. En effet, à chaque fois que vos enfants voient votre sourire, entendent votre voix ou se blottissent dans vos bras, leur cerveau fabrique de l'ocytocine, hormone du lien et de l'attachement, qui leur procure un sentiment de détente, de protection et de confiance. Et plus le câlin dure longtemps, plus la dose sécrétée est importante ! À consommer sans modération donc.

Notre to-do liste pour les combler d'amour

- **Ne lésinez pas sur les gestes de tendresse :** caresses, bisous, câlins, vous n'en ferez jamais trop !
- **Dites-leur simplement que vous les aimez**, glissez un mot griffonné dans leur trousse d'écolier ou sous leur oreiller.
- **Profitez des coups de mou !** Les petites baisses de moral et les colères sont aussi des occasions rêvées de montrer à vos enfants que vous les aimez, même lorsqu'ils semblent ne pas le mériter. Vous n'en pouvez plus des caprices de votre belle-fille ? Vous êtes tenté(e) de la gronder ? Essayez plutôt de la prendre dans vos bras pour la câliner ou de vous asseoir avec elle pour discuter. Vous avez tout à y gagner : un enfant apaisé et rassuré sera plus à l'écoute et enclin à coopérer.

On n'oublie pas la stabilité !

C'est important pour eux car...

Une séparation, une recomposition… c'est sûr que côté stabilité, vos petits n'ont pas été gâtés ! C'est le moment d'y remédier et de leur offrir un environnement stable qui les apaisera et les rassurera. En effet, la stabilité familiale diminue l'anxiété, renforce le lien de confiance et apaise les relations. Même s'ils ne le montrent pas, vos petits n'attendent que ça pour se rassurer et s'assurer que votre nouvelle tribu ne volera pas elle aussi en éclats !

Notre to-do liste pour leur offrir un peu de stabilité

- **Instaurez dans votre foyer des routines** et des horaires fixes (repas, coucher, devoirs…)
- **Mettez-vous d'accord sur l'éducation des enfants au sein de votre nouvelle famille** (voir p. 56) et faites ensemble des projets d'avenir.
- **Créez des rituels et des traditions** qui permettront aux enfants de se projeter dans la durée et renforceront la cohésion dans votre petite colonie (voir p. 42). Un apéro jeux le jour des retrouvailles, des DIY de fêtes tous les week-ends avant Noël… Toutes les idées sont bonnes à prendre !

On pense à les valoriser

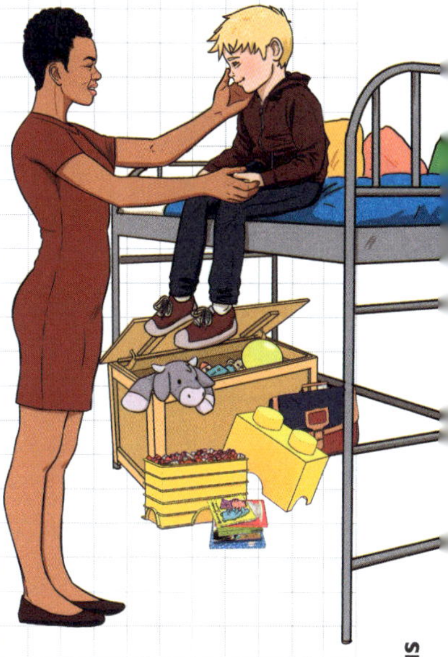

C'est important pour eux car…

Vos beaux-enfants grognent sans raison ? Vos propres enfants semblent toujours à cran ? Il est possible qu'avec tous ces changements, vos petits aient perdu un peu confiance en eux. N'oubliez pas : rien ne vaut un mot gentil, sincère et bien placé pour leur rendre le sourire.

Notre to-do liste pour les rebooster

Pour les valoriser, procédez en 3 temps :

- **Soulignez leurs qualités.** Votre fils partage volontiers ses jouets avec le petit de votre moitié ? Mettez en avant sa générosité.
- **Reconnaissez leur bonne volonté.** Votre enfant a laissé une part de gâteau à son beau-père ? Votre belle-fille vous a fait un dessin ? Ne laissez pas ces petits efforts passer inaperçus.
- **Dites-leur merci et plus !** Valorisez leurs bonnes intentions et attentions avec des mots doux ou des gestes tendres. Un gros bisou-câlin réjouira les petits, un clin d'œil complice ou une tape amicale ravira les plus grands. Soyez créatifs et, surtout, généreux !

On ne néglige pas le sentiment d'appartenance

C'est important pour eux car…

Depuis l'aménagement, vos enfants se sentent un peu perdus ? C'est normal : pour s'acclimater à cette nouvelle vie, il va leur falloir du temps. Mais grâce à quelques gestes simples au quotidien, vous les aiderez à prendre leurs marques, à trouver leur place et à nouer des liens plus rapidement.

Nos pistes pour les combler

- **Impliquez tout le monde!** Encourager votre judoka en herbe à sa dernière compet', écouter la voix de chacun lors du choix des futures vacances, leur faire prendre part aux nouveaux rituels familiaux sont autant d'idées pour montrer aux enfants de chacun qu'ils sont à leur place et que chacun d'eux compte.
- **Jouez!** Les jeux et les activités en famille : rien de tel pour vous rapprocher (voir p. 43).
- **Mettez-les à l'honneur.** Accrochez ou exposez dans votre espace de vie leurs photos, trophées sportifs ou créations artistiques. Et soyez équitables : indépendamment de leurs talents et réussites (et du temps qu'ils passent chez vous), tous les enfants ont leur place sur le piédestal familial!

Nos petits outils pour vivre dans la joie

Apporter des touches de joie et de douceur à votre vie recomposée et mouvementée? Si, si, c'est possible grâce à quelques idées astucieuses.

On cherche des hobbys en commun!

Cuisine, bricolage, musées… Partager un hobby ou un passe-temps avec vos (beaux-)enfants vous permettra de vous rapprocher et de prendre du bon temps ensemble… à condition évidemment de trouver une activité qui corresponde et plaise à chacun!

Allez, on se lance!

- **Misez sur les talents de chacun.**

Trouver des activités communes entre les différents membres de votre nouvelle tribu vous aidera à construire vos relations différemment, autour d'un plaisir commun! Votre nouveau chéri est fan de roller? Laissez-le initier ses beaux-enfants. Votre belle-fille adore cuisiner? Et si vous vous y mettiez vous aussi pour passer plus de temps avec elle?

- **Tenez compte de la présence de chaque enfant.**

Vos enfants ne sont pas tous à la maison à la même fréquence? Il vous sera naturellement plus facile de créer du lien avec les petits que vous gardez souvent qu'avec ceux qui ne sont là qu'un week-end sur deux. Votre mot d'ordre pour que tout le monde se sente bien : adaptez-vous à leur agenda et arrangez-vous pour leur offrir un moment de qualité.

- **Ne négligez pas votre budget.**

Certes, les hobbys et les sorties c'est super, mais depuis la recomposition, votre budget familial fond comme neige au soleil ? Pas d'inquiétude, il existe un éventail d'activités que vous pouvez pratiquer chez vous ou à l'extérieur avec peu de dépenses : bricolage, cuisine, jardinage, dessin, etc. Vous êtes passionné(e) d'astronomie ou d'histoire ? Emmenez vos (beaux-)enfants à la bibliothèque ou prenez simplement un moment pour partager avec eux vos connaissances. Et pour ne pas vous priver de ces petits moments de plaisir partagé faute d'argent, mettez chaque mois une petite somme de côté pour votre budget « loisirs ».

On (re)découvre les jeux en famille

Jouer, oui vous aimiez cela… il y a 20 ans ! Aujourd'hui, vous avez sans doute d'autres priorités. Et si vous profitiez de votre recomposition pour vous y remettre en douceur ? Vous avez tous à y gagner ! En effet, jouer ensemble permet de secréter toute une flopée d'hormones magiques (l'ocytocine, la dopamine et les endorphines) qui vous apaisent, vous rapprochent et vous rendent heureux. Peut-on rêver d'un meilleur terreau pour cultiver les relations dans votre nouvelle tribu ?

Allez, on se lance !

Jouer : oui, mais à quoi ? Tout dépend, en réalité, de votre objectif. Et pour vous y retrouver, bonne nouvelle, il y a un petit tableau !

Vous aimeriez	Le jeu qu'il vous faut !
Rapprocher tous les membres de la tribu.	Escape game, cache-cache, gamelle, pandemic… bref, un jeu où tous les participants jouent ensemble en équipe en poursuivant le même objectif.
Renforcer le lien entre beau-parent et beaux-enfants ou entre les enfants.	Un jeu qui se joue à deux comme la bataille navale, les échecs, le puissance 4, Qui est-ce ?, ou en équipe comme le Trivial poursuit, le Pictionary, Cranium, Times Up (en mixant les membres de vos deux clans) !

Vous aimeriez	Le jeu qu'il vous faut !
Apprendre à mieux vous connaître. 	Une activité avec des questions-réponses, des devinettes, etc. comme : – **Le jeu des dilemmes rigolos :** L'idée est de devoir choisir la moins mauvaise entre deux options : Tu préfères les frites de navet ou de betterave ? – **Le vrai-faux :** Un des participants raconte deux anecdotes. Le but est de deviner laquelle est la vraie. (Par exemple : Je me suis déjà levé(e) à 1 h du matin pour jouer aux jeux vidéo. J'ai déjà attrapé un poisson à mains nues, etc.) – **Pose-moi une question !** Distribuez aux participants des mini bouts de papier sur lesquels votre tribu pourra écrire ses questions. Réunissez ensuite toutes les questions dans un bocal ou un bonnet. À tour de rôle, tirez une question et répondez ! – **« Si tu n'avais qu'un seul... » :** Dans la même veine, chacun pose une question à un membre de la tribu qui commence toujours par « Si tu n'avais qu'un seul ». Exemple : « Si tu n'avais qu'un seul plat à manger toute ta vie, ce serait... ».

On organise des soirées extraordinaires

Une soirée spéciale n'est pas seulement un sas de décompression et un îlot de douceur dans le tourbillon de votre quotidien recomposé. Ces moments forts d'échange et de partage vous permettront aussi de vous rapprocher et de commencer à progressivement apprécier la vie en tribu. Inscrivez ces festivités dans votre planning (voir p. 80) pour en faire un rendez-vous incontournable que vous attendrez tous avec impatience.

Au secours, il ne veut pas participer !
Les soirées en famille n'ont de valeur que lorsqu'elles procurent du plaisir à tout le monde. Ainsi, si l'un des enfants ne souhaite pas participer, ne le forcez pas. Laissez-lui le temps de se décider par lui-même. Pour ne pas le laisser seul dans son coin, vous pouvez par exemple lui laisser un petit mot pour lui dire que vous pensez à lui même s'il n'est pas avec vous. Si vous vous montrez compréhensifs et patients, il finira un jour par se joindre à vous. Vous pouvez aussi envoyer quelques jours avant la soirée une « invitation personnelle » (un mot que vous déposerez dans la chambre de chacun). Ces 2-3 jours aideront les enfants à mieux se préparer à l'idée de devoir se retrouver avec leur beau-parent et ses enfants.

On se met tous au sport !

À l'évocation du mot *sport*, vous n'avez qu'une envie : vous réfugier dans votre canapé ? Gardez à l'esprit que l'activité sportive n'a pas seulement une finalité physique. Grâce à elle, vous renforcerez les liens entre tous les membres de votre tribu, vous apprendrez à compter les uns sur les autres et vous aiderez les enfants à approfondir les relations entre eux.

Allez, on se lance !

Vous hésitez ou plutôt vous procrastinez ? Choisissez votre sport en fonction de votre priorité du moment.

Vous aimeriez	Le sport qu'il vous faut !
Renforcer la complicité entre tous les membres de la tribu.	Basket, foot, ballon prisonnier, tous les sports d'équipe en veillant bien à varier les équipes (votre clan contre le clan de votre moitié, les enfants contre les parents, les garçons contre les filles).
Développer la confiance entre vous et vos beaux-enfants (ou votre conjoint(e) et vos petits).	Tous les sports à deux : escalade, tennis, badminton, ping-pong, etc.
Être ensemble tout en faisant ce qui vous plait ! 	Des sorties à la carte pendant lesquelles chacun choisira sa propre activité. Exemple ? Pendant que vous faites votre running, votre moitié vous suit à vélo et les enfants à rollers ou en trottinette.

On crée un « mémo d'amour »

Le mot *amour* est sans doute encore un peu fort pour vous, mais en passant du temps ensemble, vous cultiverez votre relation, créerez des souvenirs et apprendrez à vous apprécier. Alors, pour ne pas manquer ces temps forts d'échange et de complicité, quoi de plus efficace que de vous fixer quelques objectifs sympas et de les réunir dans un mémo !

Notre tuto pour fabriquer un poster « mémo d'amour »

Le matériel qu'il vous faut :
- une grande feuille (format A3) de papier rigide ou de carton ;
- des feutres, gommettes, autocollants, peinture et autres accessoires déco ;
- des photos de votre tribu ;
- de la pâte à fixe.

C'est parti !

- Divisez la feuille en quatre parties égales comme dans l'exemple page suivante.
- Remplissez ensemble avec les enfants votre *mémo d'amour* avec des choses qui comptent pour votre tribu en les répartissant en 4 catégories : tous les jours, toutes les semaines,

tous les mois et occasionnellement dans l'année. Profitez d'un repas, d'une sortie ou d'un temps d'échange en famille (voir p. 51) pour récolter les idées de chacun.

- Chargez vos petits artistes d'apporter une touche fun et colorée en décorant votre poster. Collez, si vous le souhaitez, des photos de votre tribu.
- À l'aide de la pâte à fixe, installez votre poster dans un endroit visible, là où tout le monde pourra le voir et s'en rappeler.
- Mettez à jour et enrichissez votre programme régulièrement !

Tous les jours	Toutes les semaines
S'embrasser, se câliner, jouer ensemble, se dire merci, lire un livre, faire un jeu de société, se confier un secret, raconter sa journée, ses 3 kifs (voir p. 52)…	Faire une sortie tous ensemble, se faire une soirée télé, organiser un jeu de société, commander du japonais, fabriquer des pizzas/hamburgers maison, un Temps d'Échange en Famille (voir p. 51)…
Une fois par mois	**Quelques fois par an**
Partir en we, faire une sortie sur une journée, visiter un château, une ferme, un zoo…	Une semaine au ski en février, 2 semaines de vacances en été, une semaine chez les grands-parents…

Nos 9 commandements pour être des beaux-parents idéaux !

Certes, le beau-parent parfait n'existe pas, mais rien ne vous empêche d'essayer ! Et si, pour relever ce défi, il suffisait d'appliquer religieusement ces quelques préceptes ?

Beau-parent : une précieuse pièce du puzzle !
Malgré la connotation parfois négative qu'on associe au rôle de beau-parent, vous avez en réalité un rôle important à jouer ! Par votre présence, vous pourrez compenser les manques ou certaines qualités dont votre moitié (ou son ex) sont dépourvus. Par votre douceur, vous pourrez parfois apaiser le côté strict de votre moitié ou à l'inverse, par votre fermeté, vous pourrez rassurer ses enfants s'ils recherchent des limites. Vos beaux-enfants ne semblent pas remarquer vos qualités ? Armez-vous de patience et laissez-leur le temps de découvrir vos bons côtés !

Jamais leur amour, je ne forcerai !

S'il suffisait d'une baguette magique pour allumer le cœur de quelqu'un, ça se saurait ! Malgré toute votre bonne volonté, vous ne pourrez pas obliger vos beaux-enfants à vous aimer. Heureusement, il existe une solution pour compenser : leur offrir moult prétextes pour vous apprécier. Soutenez-les dans leurs difficultés, préparez leur dessert favori, lisez-leur une histoire au lit… Chaque geste deviendra ainsi une occasion d'approfondir votre lien.

Aux comparaisons, je dirai non !

Vos enfants sont adorables contrairement aux petits diables de votre moitié ? Certes, mais n'oubliez pas que vous ne les voyez pas du même œil ! En bannissant les comparaisons, vous accepterez chaque enfant comme il est. Résultat : vous ne serez pas tenté(e) de juger et vous vous énerverez moins !

Optimiste malgré les tempêtes, je resterai !

Entre cris, bouderies et claquements de porte, votre patience est souvent soumise à rude épreuve. Vous avez clairement l'impression que vos efforts pour plaire à vos beaux-enfants ne paient pas. Votre solution pour ne pas vous décourager : positiver (voir p. 11) ! Raccrochez-vous aux petits moments de bonheur, aussi rares soient-ils, et gardez le sourire ! Vous finirez par faire fondre vos beaux-enfants, même s'ils sont, pour le moment, de glace.

Dans leurs difficultés, je les accompagnerai

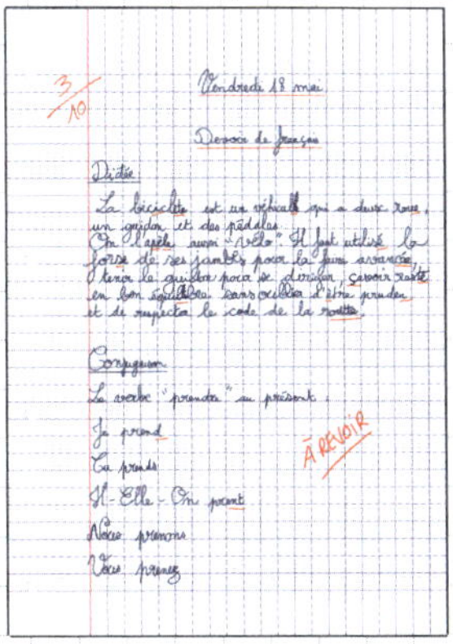

Une dispute avec un copain, une mauvaise note à l'école, un accident de trottinette sont autant d'occasions pour épauler les petits membres de votre nouvelle tribu et gagner leur confiance. Eh oui, qu'il s'agisse d'apprentissages, de problèmes relationnels ou de leurs comportements, vous avez une carte à jouer ! En effet, il est possible que, face aux difficultés de ses petits, votre moitié soit affectée, voire carrément débordée. Dans ce cas, veillez à prendre le relais et à apporter votre soutien à vos beaux-enfants. Non seulement ils apprécieront votre effort, mais à la prochaine tension, c'est peut-être vers vous qu'ils se tourneront.

À les apprécier, j'apprendrai !

Aussi terribles puissent-ils paraître, vos beaux-enfants ont aussi des qualités ! Votre priorité : apprendre à les connaître pour mieux les apprécier. Pour voir en eux le meilleur, lancez-vous un défi : remarquer chez eux, tous les jours, 5 choses positives. Difficile au début, ce regard positif deviendra rapidement votre deuxième nature.

Leurs critiques, j'accepterai !

À chaque remarque, chaque commentaire de vos beaux-enfants, la moutarde vous monte au nez ? Rappelez-vous toutefois qu'ils ne vous rejettent pas vous, mais cette nouvelle vie, et pour une simple et bonne raison : ils veulent retrouver leur vie d'avant ! Alors, soyez tolérant(e), faites la sourde oreille face aux cris et aux critiques, et continuez à chercher la voie vers leur cœur. Démarrez chaque nouvelle journée comme une page blanche et gardez espoir. La énième tentative sera peut-être la bonne !

Ma patience, je travaillerai !

Les yeux qui roulent en mode préados blasés, les portes qui claquent, les repas qui finissent en engueulades… Vous commencez presque à vous y habituer ! C'est vrai qu'au début de la recomposition, ce sont surtout les mauvais côtés de vos beaux-enfants qui ressortent (souvent involontairement). Le hic : vos sermons et la critique ne vous aideront pas (du tout) à apaiser l'ambiance et à créer du lien. Alors armez-vous de patience ! Et si leur comportement vous pousse vraiment à bout, tentez la CNV (voir p. 49), la critique constructive (voir p. 55) ou chargez votre moitié de leur faire passer le message.

Jaloux(-se), je ne serai pas !

Il/Elle annule votre sortie pour passer du temps avec sa fille chérie ? Décidément, pour vous, le rejet et la jalousie font la paire ! Mais dites-vous que, si vous êtes jaloux(-se) de vos beaux-enfants, ils le sont tout autant (sinon encore plus) de vous ! Retenez cette simple vérité : en passant du temps avec ses enfants, votre conjoint(e) ne vous délaisse pas, mais répond simplement à leurs besoins. Et plus leurs besoins en affection seront comblés, plus ce sera facile pour eux de vous accepter. C'est donc toujours gagnant pour vous. Et si ce manque d'attention vous pèse trop, profitez d'un moment d'intimité pour le dire à votre moitié !

À prendre du recul, j'apprendrai !

Ils vous en font voir de toutes les couleurs ? Relativisez ! Vos beaux-enfants ne se révoltent pas contre vous, mais contre votre statut ! Eh oui, tous les beaux-parents du monde (ou presque) rencontrent les mêmes difficultés et les mêmes réactions hostiles (du moins au début). Ce ne sont que les émotions naturelles d'un enfant qui se protège ainsi d'un intrus. Ne prenez donc rien personnellement et soyez patient(e).

Du temps en solo : c'est ce qu'il leur faut !
Vivre en tribu recomposée ne signifie pas respirer le même air 24 h/24 et 7 jours/7 ! Chacun de vous appréciera quelques moments passés en solo ou en exclusivité avec ses enfants. Un resto, une soirée ciné, un week-end à la mer… N'hésitez pas à prendre le temps pour vivre un peu de votre vie « d'avant » et retrouver une intimité avec vos enfants. Vous en reviendrez tous boostés et votre nouvelle tribu n'en sera que plus unie !

Nos petits outils pour communiquer et se découvrir en famille

Cris, bouderies, moqueries, vous en avez assez ! Pour en venir à bout, une seule solution : la *communication*, et plus particulièrement quelques outils pour mieux vous connaître et (enfin) vous comprendre. C'est parti !

La CNV pour communiquer avec respect

Depuis que vous avez emménagé ensemble, vous avez comme l'impression que votre moitié n'a d'yeux que pour ses enfants. Vous vous sentez exclu(e), pour ne pas dire étranger(-ère), dans cette nouvelle tribu. Il est temps d'en parler… mais pas n'importe comment !

C'est quoi l'idée ?

La Communication NonViolente® est un ensemble de techniques développées par le psychologue américain Marshall B. Rosenberg. Son objectif : communiquer différemment, dans le respect de soi ET de l'autre. Au programme : écoute, dialogue, diplomatie et franchise ! En optant pour la CNV, vous pourrez donc communiquer différemment, avec plus d'efficacité et de bienveillance avec votre conjoint(e). Ça se tente, non ?

Et concrètement, on fait comment ?

Le procédé de communication de la CNV se décline en 4 étapes :

- Décrire la situation qui génère chez vous l'inconfort/la colère, etc.
  Ex. : Lorsque tu passes toute la soirée avec tes enfants…
- Prendre note de votre émotion.
  Ex. : Je me sens seul(e), délaissé(e), perdu(e), jaloux(-se)…
- Exprimer le besoin qu'elle dénote.
  Ex. : J'ai besoin que tu m'impliques plus dans les échanges avec les enfants et qu'on passe plus de temps ensemble…
- Formuler votre demande.
  Ex. : Penses-tu que la prochaine fois que vous lisez des histoires le soir, je pourrais me joindre à vous ? Je pourrais même essayer de leur lire une histoire tout(e) seul(e) de temps en temps, qu'en dis-tu ?

Plus facile à dire qu'à faire ? Entraînez-vous avec votre situation problématique du moment.

L'écoute active pour bien se comprendre

Votre belle-fille vous déclare, fâchée, que sa maman ou son papa est de toute façon mieux que vous. Votre sang ne fait qu'un tour et vous voilà prête à la remettre à sa place ou à vous réfugier dans votre coin pour y pleurer un bon coup. Et si vous commenciez par l'écouter ?

C'est quoi l'idée ?

Quand les émotions vous submergent, écouter est sans doute la dernière chose à laquelle vous pensez ! Pourtant, l'écoute est l'un des moyens les plus efficaces pour bien vous comprendre et apaiser vos tensions, que ce soit dans votre couple ou avec vos beaux-enfants.

Ses deux (grands) avantages :

- Elle permet à votre interlocuteur de se calmer par la simple expression de sa pensée.
- Elle demande, pour celui qui la pratique, zéro effort (ou presque !)

Et concrètement on fait comment ?

Quel que soit le hic du moment, veillez à procéder en deux temps :

- Installez-vous côte à côte et écoutez, sans interrompre ou chercher à vous justifier.
- Ponctuez votre écoute de simples « oui », « mmmh », « je

vois», «je comprends» ou reformulez certaines phrases pour être certain(e) d'avoir tout compris «C'est difficile d'habiter sous le même toit avec quelqu'un que tu connais à peine, hein? Tu aurais sûrement préféré continuer à vivre seule avec papa, comme avant… ». Grâce à votre écoute sincère et attentive, votre belle-fille se sentira écoutée, comprise et en confiance.

Les temps d'échange en famille pour mieux se connaître

Vous vous dépatouillez du mieux que vous pouvez pour gérer votre petite tribu, mais rien à faire : les contestations pleuvent, les complaintes vous inondent, le grand bazar dans les chambres vous donne parfois le tournis. Et comme si cela n'était pas suffisant, votre conjoint(e), ne souhaitant pas contrarier ses enfants, semble invisible au tableau. Bref, depuis quelque temps vous avez l'impression d'être le/la seul(e) à mener la barque. Et si c'était le moment de réunir tout ce petit monde autour d'un TEF?

C'est quoi l'idée?

Le temps d'échange en famille est une sorte de conseil de famille que vous convoquez régulièrement pour un échange court (15-30 minutes). Pour une tribu recomposée comme la vôtre, où les membres de la famille cohabitent ensemble sans (encore) bien se connaître, ce petit rituel est particulièrement important. En effet, chaque membre de votre nouvelle tribu vit cette situation différemment. Enfants et beaux-enfants, parent ou beau-parent, chacun a ses propres ressentis, ses attentes et, parfois, ses déceptions et ses souffrances. Le TEF offrira à chacun une occasion et un espace de parole pour exprimer ce qu'il a sur le cœur. Il vous sera ensuite d'autant plus facile de trouver des solutions ensemble et dans l'intérêt de chacun. Résultat : vous apprendrez à vous connaître, à mieux vous comprendre et à être plus heureux ensemble.

Vous doutez que vos enfants et vos beaux-enfants accrochent? Détrompez-vous. Le TEF a de nombreux avantages qu'ils finiront rapidement par reconnaître :

- Ce temps d'échange et de complicité leur permettra de se sentir écoutés et de s'exprimer en toute liberté.
- Grâce à ce nouveau rituel, vous les responsabiliserez, les rendrez autonomes dans la recherche de solutions, le tout dans un climat de confiance!
- Le TEF est aussi un moment agréable pour rire et s'amuser ensemble.

Et concrètement, on fait comment?

Commencez par réunir toute votre tribu une fois par semaine dans un endroit propice à l'échange (autour de la table de la cuisine, en cercle dans le salon, sur la terrasse ou dans le jardin). Éteignez vos portables, préparez un bâton de parole pour que chacun puisse s'exprimer sereinement, puis menez votre «réunion» en procédant par étapes :

1. **La tournée des «mercis»** vous permettra de vous remercier les uns les autres et d'exprimer la gratitude envers les petites et grandes choses du quotidien : «C'est super de vous voir partager vos jouets alors qu'on sait que c'est difficile. Merci, Héloïse, de partager tes jeux avec les filles de Marc.»
2. **La résolution de problèmes et la recherche de solutions :** Votre belle-fille refuse de goûter à votre cuisine, votre beau-fils reste scotché à son écran (et cela vous met hors de vous)? C'est le moment d'évoquer toutes ces questions. En écoutant les ressentis et les idées des uns et des autres, vous trouverez des solutions créatives (et souvent inattendues) dans le respect de chacun.

L'astuce en plus
Accrochez sur le frigo une feuille spéciale TEF ou mettez à disposition un cahier dédié. Entre deux «réunions», chacun pourra y noter les idées et les difficultés qu'il souhaite aborder lors de votre prochain point.

3. **La petite note sympa :** Terminez le TEF par un jeu, un film en famille, une sortie ou un goûter/apéro (si l'heure s'y prête) qui permettra aux enfants d'apprécier encore plus ce moment.

À noter : rien n'est figé! Si le rituel vous semble trop formel, simplifiez-le pour l'adapter à votre tribu.

Les 3 kifs pour apprécier et positiver

Il existe heureusement des jours où tout roule, et vous avez enfin l'impression que vos efforts commencent à payer : chacun a l'air de trouver ses marques, la relation avec vos ex respectifs s'apaise, vos beaux-enfants semblent même rechercher votre compagnie… Bref, le moment est venu de vous régler sur des ondes positives. Comment? Grâce aux *3 kifs* quotidiens de la conférencière et auteure Florence Servan-Schreiber.

C'est quoi l'idée?

L'idée est simple : il s'agit de créer un rituel pendant lequel tous les membres de votre tribu pourront, tour à tour, confier 3 choses positives vécues dans la journée.

Et concrètement on fait comment?

1. Prenez l'habitude de repérer dans votre journée 3 (ou plus) éléments qui vous ont procuré de la joie ou du

bien-être : le sourire de votre fils, un mot gentil de votre belle-fille, un regard amoureux de votre moitié, votre café du matin, un coup de fil d'un ami… Activez vos sens et soyez à l'affût de tout événement, rencontre, saveur, odeur, musique ou sensation.

2. Partagez-les à l'heure du dîner avec les autres membres de votre tribu.
3. Proposez aux enfants de raconter les moments agréables de leur journée, sans les forcer naturellement ! Il leur faudra parfois du temps pour intégrer ce nouveau rituel (un de plus !)

Grâce à vos 3 kifs quotidiens, toute la famille deviendra progressivement plus positive, reconnaissante et soudée.

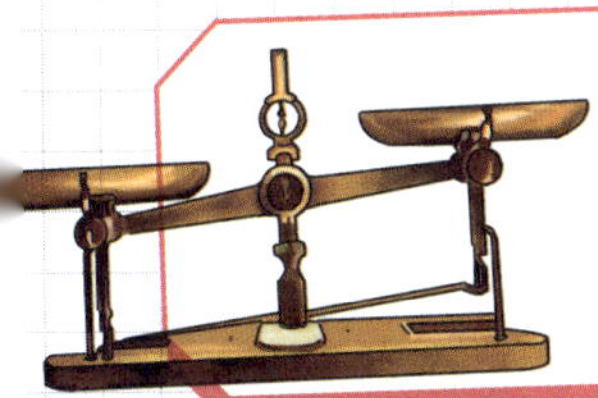

Le bon calcul pour faire la paix à la maison

Les petites tensions dans votre tribu vous épuisent ? Et si la bonne solution se trouvait dans les maths ? « 1 négatif = 5 positifs », telle est, selon John Gottman, chercheur en psychologie des relations humaines, la formule idéale pour maintenir le bon équilibre dans nos relations. Autrement dit, pour chaque accroc avec votre moitié ou vos beaux-enfants, compensez par 5 signes positifs : un câlin, un bisou, une écoute attentive, un compliment sincère ou un moment de complicité.

3 étapes pour rester zen face à la belle-famille

Vivre dans une famille recomposée signifie *aussi* devoir composer avec la belle-famille. Votre mission : établir des relations pacifiées avec cette famille élargie pour obtenir son précieux soutien… même si vous avez la sensation que pour l'heure, ce n'est pas gagné !

1. On tisse des liens !

Quand une tribu se recompose, tout le monde a besoin d'apprendre à se connaître : vous deux avec vos nouvelles belles-familles respectives, vos enfants et les parents de votre conjoint(e), les grands-parents entre eux. Cette perspective vous effraie un peu ? Détendez-vous et prenez les choses du bon côté. Ce mélange de cultures vous permettra à tous de vous enrichir grâce aux différences de chacun.

Nos 3 missions pour que ce joli petit monde se rapproche !

- **Multiplier les occasions de se voir et de passer du temps ensemble.**

Rappelez-vous que la plus grosse crainte des grands-parents est d'être séparés de leurs petits-enfants, encore plus lors de la recomposition. En plus, comme vous êtes un nouveau maillon familial, ils ne vous connaissent pas encore. Offrez-leur des occasions de vous découvrir :

planifiez des rencontres avec eux, invitez-les régulièrement chez vous ou organisez des petits week-ends ensemble en famille.

- **Devenir entremetteurs entre les enfants et les nouveaux grands-parents.** Si besoin, pour aider vos enfants à nouer une relation avec les parents de votre conjoint(e) (ou aider vos parents à se rapprocher de vos beaux-enfants), créez, là encore, des opportunités pour qu'ils puissent passer du temps ensemble. Prévoyez des activités fun que les enfants apprécieront. S'ils ne sont a priori pas enchantés à l'idée de passer du temps avec ces personnes (encore) étrangères, ils seront davantage partants pour une activité qui leur plaît. Prenez un moment pour décrire vos enfants à vos beaux-parents (et vice versa) ou chargez votre moitié de présenter vos enfants à ses parents. Et si tout le monde est d'accord, laissez-les de temps à autre garder vos enfants.

Des beaux-grands-parents ? Vos enfants n'en veulent pas !
Vos enfants ne voient pas l'intérêt de rencontrer les parents de votre moitié ? C'est normal, leur vie est déjà assez complexe ainsi. Il va leur falloir du temps pour tisser des liens avec tout ce nouveau monde. Si, à chaque visite chez les beaux-grands-parents, vos enfants râlent, voyez avec votre ex s'il/elle peut les garder le temps où vous êtes avec votre belle-famille. Et si vous devez les prendre avec vous, offrez-leur un endroit où ils pourront facilement s'isoler.

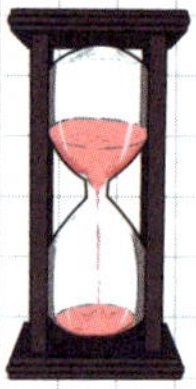

- **Faire du temps votre allié !** Pour les beaux-grands-parents, cette recomposition apporte aussi son lot d'émotions. Si certains s'en réjouissent, d'autres restent prudents et méfiants, trop affectés par la première séparation. Ainsi, si dans un premier temps, les parents de votre conjoint(e) refusent de vous rencontrer ou de rencontrer vos enfants, tentez d'être compréhensifs, armez-vous de patience et attendez qu'ils soient prêts !

2. On fixe un cadre ferme !

Sans vous en toucher mot, votre belle-mère a invité l'ex de votre conjoint(e) alors qu'elle a poliment refusé votre présence aux 70 ans de votre beau-père ? C'est évidemment non ! La belle-famille mérite le respect, certes, mais vous aussi ! Pour que tout se passe dans les meilleures conditions, posez (ensemble) les nouvelles règles relationnelles.

Notre pas-à-pas pour fixer des limites claires

Votre nouvelle belle-maman semble avoir toujours son mot à dire sur la façon dont vous vous occupez de ses petits-enfants (vos beaux-enfants) ? Pour éviter les prises de tête inutiles pour tout le monde, fixez avec votre conjoint(e) les limites à ne pas franchir et les règles à respecter (dans les deux sens, évidemment). Pour cela, procédez en 3 temps :

- **Commencez par vous mettre d'accord.**

Quelles sont les règles que vous voulez instaurer dans vos relations avec vos familles élargies ? Notez chacun 5 règles qui comptent pour vous, puis discutez-en tous les deux afin de définir celles qui vous guideront.

- **Expliquez ensuite vos attentes à vos familles respectives.**

Prenez le temps de bien clarifier ce que vous attendez en matière d'attitudes et de comportements. Un exemple? Même si ce ne sont pas leurs petits-enfants biologiques, vous aimeriez que vos parents prévoient, à Noël, un petit cadeau pour vos beaux-enfants aussi.

- **Faites un rappel à l'ordre s'il le faut.**

Vous aurez peut-être de la chance et vos familles élargies accepteront ce nouveau fonctionnement à bras ouverts. Si ce n'est pas le cas, la meilleure solution est que chacun de vous mette les points sur les *i* auprès de sa propre famille, le message passera mieux.

3. On favorise une bonne communication !

«Steph' par-ci», «Steph' par-là», votre belle-mère semble avoir oublié que l'histoire de votre conjoint(e) avec Steph' était depuis longtemps terminée. Votre beau-père va même jusqu'à vous appeler par son prénom! Bref, les beaux-parents des familles recomposées ne font pas exception, et, parfois, les gérer est un peu plus compliqué. Comment communiquer sans attirer sur vous les foudres du clan de votre moitié? Initiez-vous à la critique constructive!

Notre exercice pour communiquer zen!

Le principe de la critique constructive est d'exprimer votre désaccord entre deux affirmations positives. Grâce à cette technique, vous réussirez à leur faire passer le message sans les blesser et sans vous énerver. Bravo à vous!

À vous de jouer

Exemple	Votre critique constructive
Affirmation positive : J'aime beaucoup passer les week-ends chez vous.	*Affirmation positive :*
Problème : Mais quand vous me comparez à Steph', je ne me sens pas à ma place.	*Problème :*
Demande : J'apprécierais que vous évitiez d'en parler lorsque je suis là.	*Demande :*
Bénéfice : Cela faciliterait notre séjour chez vous!	*Bénéfice :*

Chapitre 4

On se met au diapason côté éducation !

L'heure est venue de vous attaquer à un autre gros dossier. Affirmer votre autorité, apaiser les conflits, poser des limites, apprendre à dire non aux enfants qui ne sont pas les vôtres, le tout en préservant (dans l'idéal) votre calme. Vous vous sentez épuisés rien que d'y penser ? Rassurez-vous, rien n'est insurmontable si vous suivez cette règle simple : faire front commun ! En effet, pour que les enfants vous écoutent, se respectent et s'adaptent plus vite à cette nouvelle situation, il faudra parler d'une seule voix. Quelques astuces pour y parvenir, c'est parti !

Test : Quels parents êtes-vous ?

Éduquer vos enfants ensemble ? Ok, mais pas n'importe comment ! Et si vous commenciez par définir chacun votre style parental pour ensuite mieux vous aligner ? Répondez à ces quelques questions séparément et faites le point.

Un petit de 4 ans fait une crise monumentale au milieu d'un magasin. Vous vous dites :

- Que font les parents ? Le mien ne ferait jamais ça !
- Pauvre petit chou, les supermarchés, ce n'est vraiment pas fait pour les enfants.
- Mais enfin, achetez-lui ce qu'il veut, ce n'est qu'un enfant !

Votre enfant refuse de se coucher, vous…

- tenez bon et l'accompagnez à son lit en lui expliquant calmement que le sommeil est important.
- le prenez avec vous. Tant pis, il se couchera plus tard.

- 🍃 n'imaginez même pas la scène. C'est impensable dans votre famille !

Pour vous, le mot « discipline » rime avec :

- 🍃 obligation.
- ☀ bienveillance.
- ☆ sueurs froides.

Vos enfants se disputent pour la énième fois de la journée, vous…

- ☀ respirez un bon coup et tentez de les réconcilier.
- ☆ allumez la télé : un peu de calme fera du bien à tout le monde !
- 🍃 les renvoyez dans leur chambre illico presto : plus de jeux jusqu'au dîner !

Quel hashtag décrirait le mieux vos dernières vacances avec les enfants :

- ☆ #JPP : J'en peux plus !
- ☀ #OKLM : Au calme.
- 🍃 #RAS : Rien à signaler.

Selon vous, votre plus grande responsabilité parentale est de…

- 🍃 vous faire respecter et inculquer la discipline.
- ☀ être bienveillant et à l'écoute.
- ☆ essayer de vous en sortir, c'est déjà beaucoup !

Cela fait 3 fois que vous rappelez à votre enfant de ranger sa chambre. Évidemment, ce n'est toujours pas fait. Comment réagissez-vous ?

- 🍃 Vous montez sérieusement le ton : encore un peu et il sera privé de télé !

- ☀ Vous le rappelez à l'ordre, gentiment.
- ☆ Vous laissez courir : c'est plus simple de le faire vous-même parfois.

Le départ matinal à l'école, chez vous, c'est :

- ☆ chaotique !
- 🍃 réglé comme du papier à musique.
- ☀ ça dépend des jours.

Faire faire les tâches ménagères aux enfants ?

- ☆ Jamais, ce n'est pas leur rôle !
- ☀ Bien sûr, c'est important pour leur autonomie.
- 🍃 À la guerre comme à la guerre : ils n'ont pas le choix !

Votre enfant vous rétorque fâché : « Lâche-moi ! »

- 🍃 Pas de ça chez vous : votre enfant n'oserait jamais vous répondre ainsi !
- ☆ Vous avez l'habitude, il est sûrement de mauvaise humeur.
- ☀ Vous lui demandez ce qui le tracasse, cela ne lui ressemble pas.

Faites les comptes !

	Vous	Lui/Elle
🍃		
☆		
☀		

Une majorité de 🍃 **:** *L'autorité est votre alliée !*

Le cadre, les limites : tout cela fait partie intégrante de votre démarche éducative. Et c'est plutôt une bonne nouvelle : les règles rassurent les enfants et rendent la vie en famille plus sereine. Votre (future) tribu en profitera ! N'oubliez pas toutefois que les relations en famille ne se fondent pas uniquement sur les rapports d'autorité, mais aussi sur l'affection et la confiance. Quel que soit leur âge, vos enfants ont leur caractère et leurs besoins. Ainsi, lorsque votre tribu n'accourt pas à la première consigne, essayez de comprendre pourquoi avant de monter sur vos grands chevaux ou de recourir à la sanction. *Exit* la rigidité, bonjour la curiosité et l'ouverture d'esprit !

Une majorité de ☆ **:** *Pour vous, c'est la bienveillance avant tout !*

Compréhensif(-ve), bienveillant(e)… vous êtes toujours à l'écoute de votre tribu et tentez (tant bien que mal) de répondre aux besoins de tout le monde. Le hic : vos (beaux-)enfants ont aussi besoin de règles et d'autorité. Au fond de vous, vous le savez, mais pour les appliquer avec vos petits, c'est une autre histoire. Car oui, vos enfants, vous les adorez, mais lorsqu'il s'agit de les discipliner, vous ne savez pas vraiment par où commencer. Quand le ton monte (et encore, monte-t-il vraiment ?), la balance penche souvent de leur côté, et, si vous pouviez engager une Super Nanny, vous le feriez sans hésiter ! Bonne nouvelle : la recomposition peut être pour vous l'occasion d'évoluer. Restez bienveillant(e) certes, mais profitez de votre moitié pour développer de nouvelles compétences parentales qui, jusqu'alors, vous manquaient.

Une majorité de ☼ **:** *Le juste milieu c'est ce qu'il leur faut !*

Votre métier de parent, vous le maîtrisez ! Tour à tour ferme et doux, vous savez exactement quelle attitude adopter pour répondre aux besoins de vos enfants et faire régner le calme au sein de votre tribu recomposée. Bravo !
Grâce à votre posture, vous savez créer un cadre sécurisant, canaliser l'énergie (souvent débordante) de vos enfants et instaurer une ambiance sereine plus rapidement. Veillez désormais à garder le cap avec vos beaux-enfants ! Commencez par partager votre vision de l'éducation avec votre conjoint(e), créez et appliquez ensemble les nouvelles règles de votre tribu (voir p. 62), et n'oubliez pas évidemment de cultiver les liens entre tous les membres de votre tribu.

Nos solutions pour nous aligner malgré nos différences

Côté éducation, vous avez parfois du mal à accorder vos violons ? Pas de panique, même si vous n'êtes pas toujours d'accord, vous avez tout de même un objectif commun : réussir l'éducation de vos enfants ! Reste à vous mettre d'accord sur vos priorités en 3 étapes clés.

Notre plan d'action pour lisser nos différences

Votre beau-fils repousse son assiette, moue dégoûtée, en marmonnant « Beurk ». Calme et impassible, votre conjoint(e) fait aussitôt cuire un plat de pâtes. Pour vous, pas question de céder. Même si ce n'est pas votre enfant, une assiette entamée doit être terminée ! Si ce type de situation vous est bien trop familière, il est peut-être temps d'agir ensemble. Par où commencer ? Procédez méthodiquement et tout devrait rouler.

1. On prend rendez-vous.

Accordez-vous chaque soir un temps d'échange pour parler de vos difficultés et vous soutenir l'un l'autre.

2. On fait un bilan.

Définissez les situations qui vous différencient le plus (moment du coucher, repas…) et établissez ensemble un plan d'action pour ces moments cruciaux. Besoin d'un coup de pouce pour vous mettre d'accord ? Prenez quelques notes dans le tableau ci-dessous.

Les situations qui coincent	Mes réactions usuelles	Ses réactions usuelles	Notre plan d'action pour notre nouvelle tribu !
– – – –			

3. On n'oublie pas d'être accommodants !

Vous élevez vos enfants en mode « zéro écran » alors que ceux de votre moitié sont accros aux jeux vidéo ? Faites des concessions ! Un exemple ? Votre conjoint(e) s'engage à limiter les jeux vidéo à 2 fois par semaine, et de votre côté, vous faites un effort pour fermer les yeux sur ces écarts (en expliquant les choses à vos propres enfants).

4. On fait preuve de flexibilité!

L'approche éducative de votre moitié peut être source d'apprentissage et vous permettre de développer de nouvelles qualités parentales: devenir plus ferme ou au contraire plus compréhensif(-ve), parler de façon bienveillante, être à l'écoute des enfants, etc. Restez ouvert(e) à son expertise!

Nos petits pas pour trouver le juste équilibre éducatif!

Depuis que vous vivez ensemble, votre conjoint(e) aimerait bien que vous soyez moins «coulant(e)» sur les règles avec ses enfants? De votre côté, vous le/la trouvez un brin (trop) exigeant(e) envers les vôtres? Le casse-tête! Votre solution : faire chacun un petit pas vers l'autre. Plus facile à dire qu'à faire? Inspirez-vous de ces quelques pistes selon votre profil.

Vous êtes un chouia trop autoritaire

- ✔ **Parlez avec calme et respect**, d'autant plus avec vos beaux-enfants. Vous arriverez mieux à vous faire entendre.
- ✔ **Soyez à l'écoute de leurs besoins.** Votre beau-fils refuse son tour de vaisselle? Et s'il était simplement ultra-fatigué? Peut-être peut-il échanger sa corvée du soir (exceptionnellement bien sûr) avec un autre membre de la tribu?
- ✔ **Respectez leur âge et leur développement.** Peut-être certaines exigences sont-elles décalées par rapport aux réelles capacités des enfants? Demander à votre belle-fille de 3 ans d'arrêter de pleurer? C'est peine perdue. À son âge, elle a encore besoin de vous pour y arriver!
- ✔ **Oubliez les punitions!** Souvent, il suffit de montrer que les actions de chacun ont des conséquences pour motiver le changement. Le petit de votre moitié ne veut pas se préparer pour aller au parc? Ne sortez simplement pas.
- ✔ **N'oubliez pas quelle est votre place.** L'attitude trop ferme du beau-parent peut brusquer les enfants. Dans le cadre de la recomposition, le principal éducateur, pour ses enfants, reste votre conjoint(e), du moins au début! En attendant, apprenez à fermer les yeux sur certains comportements de vos beaux-enfants et laissez votre moitié intervenir.

Vous êtes un peu trop permissif(-ve)

- ✔ **Observez vos réactions** dans les situations où votre moitié aimerait que vous fassiez preuve de plus de fermeté et voyez si vous pouvez les modifier pour apporter plus de paix dans votre foyer.
- ✔ **Calez-vous sur le modèle de votre moitié** pour vos beaux-enfants et appliquez ses règles. Votre belle-fille vous crie haut et fort que faire du vélo sans casque, c'est ok ? Expliquez-lui que c'est sa maman/son papa qui vous a demandé de veiller à sa sécurité, et tenez bon !
- ✔ **Entraînez-vous !** Devant vos beaux-enfants, vous perdez un peu vos moyens ? Répétez devant la glace : posture, voix, regard… Soyez celui ou celle que les enfants auront envie d'écouter.
- ✔ **N'ayez pas peur de dire NON.** Si vos beaux-enfants pleurent, ne vous sentez pas dans l'obligation de céder. C'est aussi grâce à votre fermeté qu'ils apprendront à vous respecter.
- ✔ **Changez de perspective sur la fermeté**. Vous avez observé que l'autorité de votre conjoint(e) est assez efficace avec vos (beaux-)enfants ? Que cela amène finalement plus de sérénité à la maison ? N'hésitez pas à vous en inspirer.
- ✔ **Mettez les choses à plat.** Si certaines réactions de votre moitié envers vos enfants semblent exagérées, dites-le-lui calmement et sans la présence des enfants (voir p. 63).

Nos 4 règles pour parler d'une seule voix

Entre les heures du coucher, les écrans et les repas, les habitudes de vos enfants respectifs seront souvent différentes. Pas facile de vous aligner. Et pourtant, il le faut ! Votre crédo pour que tout se passe au mieux côté éducation : faire front commun avec ces 4 règles !

1. On décide en amont !

Dans votre ancienne vie, vos enfants respectifs et vous-mêmes avez été habitués à des règles de vie différentes. Aujourd'hui, pour bien vivre ensemble, il va falloir changer certaines habitudes et vous mettre d'accord sur les règles, idéalement avant votre aménagement. Ne pas quitter la table avant la fin du repas, éteindre les smartphones avant d'aller au lit, pas de télé dans les chambres… Comme lors d'une nouvelle rentrée scolaire, vos petits auront besoin d'un moment d'adaptation pour intégrer ce nouveau fonctionnement, mais avec le temps ils s'adapteront et en verront les bénéfices.

Allez, on se lance!

Pour que les enfants intègrent plus vite les nouvelles règles, créez tous ensemble une petite charte que vous afficherez dans votre espace de vie. C'est parti!

Notre pas-à-pas pour la réaliser

Le matériel qu'il vous faut :

- une grande feuille de papier;
- un cadre;
- des feutres/des crayons/de la peinture selon votre préférence;
- des pochoirs de lettres.

- **Commencez par établir une liste** de règles avec votre moitié. Notez séparément celles qui comptent pour vous, discutez-en ensemble, puis faites le tri pour ne garder que les 10 règles les plus importantes pour vous deux! Prenez exemple sur le tableau ci-dessous.

Mes règles	Les règles de ma moitié	Notre top 10!

- **Impliquez les enfants.** Ils ont aussi leur mot à dire dans la mise en place de ces nouvelles consignes. Profitez d'un repas en famille ou d'un TEF (voir p. 51) quand toute la tribu est réunie, pour échanger, demander l'avis de chacun et, éventuellement, négocier. Vos beaux-enfants trouvent que se coucher à 20 h 30, c'est vraiment trop tôt? Écoutez leurs arguments, puis décidez ensemble d'une règle raisonnable. Par contre, si vos enfants respectifs n'arrivent pas à se mettre d'accord et que votre conseil de famille tourne au conflit, prenez les choses en main et instaurez votre propre règle!
- Une fois les règles validées, **prenez un temps pour réaliser une jolie charte en famille.** Écrivez les règles en grosses lettres sur votre feuille ou utilisez les pochoirs. Décorez, encadrez, accrochez, et le tour est joué!

- **N'oubliez pas de faire évoluer votre charte régulièrement** pour l'adapter aux besoins de votre nouvelle famille. Au fur et à mesure que les enfants s'habituent aux règles, ajoutez si nécessaire de nouvelles consignes. Ils ont enfin intégré qu'il fallait enlever les chaussures en rentrant à la maison? Demandez-leur maintenant de les ranger sur l'étagère!

2. En cas de doute, on opte pour la concertation

Vous aurez beau avoir tout prévu (ou presque), il y aura des moments où vous ne saurez pas quelle réponse apporter à vos beaux-enfants. Lorsque vous doutez, demandez à l'enfant de patienter jusqu'à ce que vous ayez obtenu l'aval de son parent. Et n'oubliez pas de noter vos doutes par écrit pour montrer au petit que vous prenez sa demande au sérieux ! Puis, évidemment, tenez votre engagement et posez la question à votre partenaire.

Allez, on se lance !

Vous êtes devant un dilemme ? Remplissez ce tableau et accrochez-le sur le frigo pour avoir sous le coude toutes les réponses aux situations qui sont source de confusion.

Ce qui a posé problème	La règle
–	– ....
–	– ....
–	– ....
–	– ....
–	– ....
–	– ....

3. Si je n'aime pas quelque chose, je l'exprime en privé !

Votre moitié cède aux réclamations de vos enfants à chaque passage au supermarché ? Le hic : pour vous ce genre de « récompense », c'est non ! C'est le moment d'exprimer votre désaccord à l'écart des bambins.

Allez, on se lance !

Pour faire passer le message à votre conjoint(e) sans le/la blesser, misez sur les outils de CNV (voir p. 49) !

L'astuce en plus : Prenez l'habitude de noter par écrit les situations qui vous posent problème dans l'interaction avec vos beaux-enfants ou dans la relation de votre conjoint(e) avec vos propres enfants. Il vous sera plus facile de les aborder lors de vos échanges à deux.

4. En cas de conflit, je prends son parti !

« Avant, on avait droit aux dessins animés le soir ! », rouspète votre cadet. « Tout ça, c'est sa faute ! », se rebelle votre aînée. Vos enfants vous bombardent de reproches à l'égard de votre moitié ? Votre crédo : le/la soutenir coûte que coûte !

Allez, on se lance !

Dites aux enfants que votre nouvelle tribu vous permettra de vivre différemment et sans doute mieux, en corrigeant certaines erreurs éducatives, notamment ! Puis, laissez-leur le temps de se faire aux changements, en maintenant les nouvelles règles, évidemment !

L'astuce en plus : Les explications ne suffisent pas ? Vos (beaux-)enfants continuent de chouiner ? Certes, ils ne pourront plus retrouver leur vie d'avant, mais ils ont le droit de rêver ! Allez dans leur sens en exagérant volontairement : « Oh que oui, ce serait chouette de pouvoir se coucher après minuit, jouer aux jeux vidéo jusqu'à pas d'heure, manger ce qu'on veut et quand on veut ! » Grâce à l'humour, vous arriverez à détendre l'atmosphère et à mettre fin aux protestations plus facilement.

Et si tout est différent du côté de mon co-parent ?
Les incohérences éducatives sont possibles non seulement entre vous et votre nouvel amour, mais aussi avec votre ex. Depuis la recomposition, vous avez drastiquement réduit l'usage des écrans, mais de son côté, rien n'a changé ? Idéalement, des règles cohérentes entre les deux foyers aident les enfants à mieux les intégrer. Mais s'il est impossible de vous mettre d'accord avec votre ex, un règlement fixe et cohérent dans votre nouvelle tribu compensera ce manque de stabilité ! Et quand vos enfants vous diront : « Chez papa, c'est comme cela ! », répondez-leur simplement que chez vous, désormais, ce sera différent. Après un petit temps d'adaptation, les nouvelles règles deviendront une habitude.

Nos bons réflexes pour apaiser les petites tensions

Vous avez beau mettre tout votre cœur et toute votre énergie pour souder les membres de votre tribu, rien à faire, les petites (et grandes) tensions persistent. Votre solution : deux réflexes simples pour désamorcer les situations explosives.

Je ne prends rien personnellement !

Vous avez beau faire des efforts, vos beaux-enfants sont parfois insolents, voire carrément invivables. Et si vous arrivez généralement à vous armer de patience, parfois, vous êtes à deux doigts d'exploser vous aussi !

Mais pourquoi me mènent-ils la vie aussi dure ?

À cause de la transition, vos (beaux-)enfants seront souvent à fleur de peau. Résultat : la moindre friction avec vous peut faire déborder le vase et finir par une grosse altercation.

Notre objectif

Pour résister aux paroles désagréables et aux gestes déplacés : prendre de la hauteur.

Notre réflexe bienveillant

Votre beau-fils crie que vous êtes la personne la plus méchante du monde ? Ne le sermonnez pas en lui rappelant qu'il n'a pas à vous parler sur ce ton et essayez de ne pas prendre ses propos à titre personnel. En réalité, ce n'est pas l'enfant, mais l'émotion qui le submerge qui parle : tristesse de vivre loin de sa mère/son père, difficulté à trouver sa place dans la nouvelle fratrie, frustration de ne pas pouvoir changer la situation… Pour apaiser la situation et ne pas craquer, optez pour des outils de régulation émotionnelle (voir p. 90) ou dites à l'enfant « Je vois que tu es en colère. On reparlera quand on sera tous les deux calmés », puis désengagez-vous quelques minutes de la conversation.

La violence verbale fait aussi mal qu'une fessée !
Les violences verbales font partie de ce que l'on appelle désormais communément les VEO (violences éducatives ordinaires) et si elles ne sont pas légalement proscrites comme la fessée, elles causent pourtant autant de dégâts. Ainsi, si les cris, menaces, humiliations s'avèrent parfois efficaces à court terme, ils sont toujours contre-productifs et même nocifs dans la durée. Votre réflexe anti-VEO : si vous vous sentez perdre patience, passez le relais à votre moitié !

Je recherche le besoin derrière le comportement

À force de passer du temps avec vos beaux-enfants, vous en avez moins pour vos propres enfants ? Votre enfant a perdu son statut d'enfant unique et tous ses privilèges : le temps et la disponibilité de son parent, la sensation d'être seul et spécial ? Ces changements, inhérents à la recomposition, sont certes normaux, mais ils peuvent affecter le bien-être physique des petits (sommeil, appétit, etc.). Et malheureusement, un besoin non satisfait se traduit souvent par des crises de colère, de l'irritabilité et d'autres joyeusetés !

Notre objectif

Identifier ce qui lui manque pour être bien !

Notre réflexe bienveillant

Votre fille enchaîne les cris, les colères et les pleurs ? Menez l'enquête, tentez d'identifier le besoin caché, puis voyez comment vous pouvez y répondre : servez le repas plus tôt, faites-lui faire une sieste ou réconfortez-la !

Vous restez dans le flou ? Remplissez ce tableau pour essayer d'y voir plus clair.

Les besoins de vos (beaux-) enfants	Les signes qui peuvent vous mettre la puce à l'oreille	Éventuelle(s) source(s) du problème	Ce que vous avez observé chez vos (beaux-) enfants	Éventuelle(s) source(s) du problème chez eux
Être bien dans son corps (besoins physiologiques) : manger, boire, être propre, se reposer, dormir.	De mauvaise humeur tous les matins, pleure sans raison en fin d'après-midi.	Sommeil agité depuis l'aménagement, fatigue de la journée, faim.		
Être bien dans sa tête (besoins sociaux-affectifs) : se sentir en sécurité, être respecté et reconnu, être bien avec les autres.	Se renferme sur elle/lui, parle mal ou refuse de répondre quand on s'adresse à elle/lui.	A du mal à s'habituer à la nouvelle maison, souffre de la séparation avec sa mère/son père.		
Bouger/agir (besoins sensi-moteurs) : jouer, explorer, bouger.	Reste souvent enfermée dans sa chambre, refuse d'aller dehors, de jouer.	Ne trouve pas sa place auprès de ses frères et sœurs par alliance.		

Votre enfant perd son statut d'aîné (ou de petit dernier) !

Depuis votre emménagement, votre aîné a un demi-frère plus âgé que lui ? Votre fille perd sa place de petite dernière ? Veillez à le/la rassurer en :

- lui montrant tous les avantages de son nouveau « statut ». Peut-être qu'avant, en tant que « petit(e) dernier(e) », il/elle avait l'obligation de se coucher plus tôt que les autres ? Aujourd'hui, c'est le tour des filles de votre conjoint !
- préservant les avantages dont il/elle jouissait avant (câlins, temps avec vous...) !
- maintenant les responsabilités qu'il/elle avait déjà endossées (cuisine, jardinage, bricolage) !

Nos outils à dégainer en cas de conflit

Si éduquer vos enfants n'est pas toujours simple, ce sera d'autant plus complexe avec vos beaux-enfants ! Heureusement, il existe là encore une palette de bons outils pour vous aider à vous en sortir haut la main, même dans les situations les plus inextricables !

La discipline bienveillante, quésaco ?
Aussi connue sous le nom de discipline positive, cette approche éducative vise à établir un rapport gagnant-gagnant entre l'enfant et le parent. Finis les : « Va au coin ! », « File dans ta chambre ! » et « Une fessée n'a jamais fait de mal à personne ! ». La discipline bienveillante prône le respect et la confiance mutuels. Avalisée par les neurosciences et les études sur la psychologie de l'enfant, cette technique permet d'éduquer avec douceur et fermeté tout en respectant les besoins de l'enfant ET du parent !

On réfléchit différemment

Votre beau-fils refuse de toucher à son assiette quand c'est vous qui cuisinez ? Votre moitié tente en vain de l'appeler au respect, mais rien n'y fait ? Et s'il suffisait de voir la situation sous un autre angle ?

On tente parce que...

Votre réaction dans une situation donnée découle de ce que vous en percevez. En d'autres mots : si vous considérez que votre belle-fille vous manque de respect quand elle repousse son dîner d'un air écœuré, vous serez amené(e) à vous énerver. Ce qui ne va pas (du tout) vous aiderà gérer la situation. Votre solution : pratiquer la « pensée inversée ».

À vous de jouer

Pour changer de perspective :

- Tentez de comprendre son comportement. Pourquoi agit-elle ainsi ? Vit-elle la transition difficilement ? Son autre parent lui manque-t-il ? Semble-t-elle être dans une situation de conflit de loyauté (voir p. 37) ?
- Envisagez la situation sous un angle différent et observez comment votre attitude change. Elle refuse de manger car vos lasagnes lui rappellent sa maman ? Ou peut-être que l'éloignement de sa mère la rend irritable ?

Besoin d'un petit coup de pouce ? Pour vous entraîner à inverser votre pensée, remplissez le tableau ci-dessous.

Votre situation	Votre première interprétation	Votre interprétation après changement de perspective
Elle a refusé mes lasagnes (un peu) trop catégoriquement.	Elle me manque de respect.	Sa mère lui manque.
....	....	....
....	....	....
....	....	....
....	....	....

On tente le message-Je

C'est l'heure du dîner, et qui dit repas, dit bougeotte de votre beau-fils (le plus petit de la tribu). Malgré vos moult rappels, rien à faire… et vous finissez (comme d'habitude) par perdre patience, le gronder ou l'envoyer dans sa chambre le temps de se calmer. Résultat : des cris, des pleurs et un repas gâché ! Et si vous essayiez le message-Je ?

Le messa-Je, quésaco ?
Cette technique de communication bienveillante mise au point par le psychologue Thomas Gordon, vise à s'exprimer différemment ! Son idée : remplacer un message adressé à l'autre, commençant par « tu » (souvent empreint de colère ou de jugement) par un message-Je, moins offensif et accusateur, et donc plus efficace.

On tente parce que…

Grâce à l'emploi du « je », vous pourrez exprimer votre ressenti et votre besoin. Résultat : c'est déculpabilisant pour lui et ça vous permet d'avancer vers une piste de résolution ensemble.

À vous de jouer

Une situation vous déplait ? Un comportement vous dérange ? Exprimez-vous en commençant votre pensée par « je ».

Votre situation	Vous êtes tenté(e) de dire	Vous essayez le message-Je
Votre beau-fils peine à rester à table pendant le repas.	Arrête de sortir de table, tu es pénible !	Je me sens agacé(e) quand tu quittes la table. Cela nous empêche de profiter du repas dans la bonne humeur.
....	....	....
....	....	....

On opte pour la diversion

Le petit de votre conjoint(e) se roule par terre dans un supermarché en réclamant un paquet de bonbon ? Excédé(e), vous finissez par vous énerver. Et si vous essayiez plutôt de détourner son attention ?

On tente parce que…

La diversion permet de rediriger l'attention de l'enfant de la situation qui pose problème vers autre chose et de calmer son émotion.

À vous de jouer

Pour détourner l'attention de votre petit colérique, faites-lui penser à une chose agréable : son papa qui rentre bientôt du travail, l'histoire que vous allez lui lire le soir… Ou tentez de lui donner une mission ! Est-ce qu'il serait capable de trouver les yaourts à boire du goûter dans le rayon frais en moins d'une minute ? Top chrono !

Si l'enfant en question est coutumier de ce type d'effusions (pas très agréables), essayez de prévenir la crise, en prévoyant en amont les distractions que vous pourriez lui proposer.

La situation qui pose toujours problème (ou presque)	Je tente la diversion en...
....	....
....	....

La diversion oui, le divertissement, non!
Si le temps et le contexte le permettent, laissez l'enfant traverser sa tempête émotionnelle à son rythme, *sans le divertir*! Votre écoute active (voir p. 50) et vos bras suffiront souvent à le calmer. Sa crise durera plus longtemps, mais elle lui permettra d'intégrer les notions de limite et d'interdit, utiles pour son développement émotionnel.

On essaie les formules positives

Vous avez beau répéter à votre belle-fille 36 fois, «fais pas ci», «fais pas ça», elle ne vous écoute pas! Et forcément, au bout d'un moment, le ton monte. Et si vous étiez plus positif(-ve)?

On tente parce que...

Le cerveau humain réagit mieux aux messages positifs. Il est temps de changer de tournure!

À vous de jouer

Tentez de formuler votre phrase de façon positive ET de mettre l'accent sur ce que vous voulez voir plutôt que l'inverse. Un exemple? Dites-lui «Mange avec ta cuillère» plutôt que «Arrête de manger comme un cochon!» ou «Laisse tes chaussures à l'entrée quand tu rentres» plutôt que «Ne marche pas avec tes chaussures dans l'appartement». Besoin d'entraînement? Remplissez ce petit tableau pour vous roder!

Votre situation	Vous êtes tenté(e) de dire	Vous tentez la formulation positive

On propose des choix

Vous avez répété 100 fois à votre beau-fils de mettre son pyjama, mais à la 101e, normal, vous avez craqué! Et si vous lui proposiez un choix?

On tente parce que...

Les enfants reçoivent des consignes (voire des ordres) à longueur de journée. Et si elles leur paraissent déjà pénibles quand elles viennent des parents, celles de leur beau-parent leur sont souvent carrément insupportables. Après tout, non seulement vous avez pris (à leurs yeux) la place d'un des parents, mais en plus, vous vous permettez de leur imposer votre volonté! Votre solution : leur proposer un choix qui leur laisse une marge de liberté et, surtout, l'envie de vous écouter.

À vous de jouer

Le fils de votre moitié refuse de manger, de s'habiller ou de se coucher? Offrez-lui un choix raisonnable du type : « Tu préfères le pyjama bleu ou le rouge?»

Proposer des alternatives, c'est bien joli, mais encore faut-il avoir des idées! Notez ici les couacs que vous rencontrez régulièrement dans votre tribu et pensez d'ores et déjà à quelques pistes de solutions alternatives.

Votre situation : ....

....

Les choix que vous pouvez proposer : ....

....

On résume tout en un seul mot

Vous rappelez sans cesse à votre beau-fils de ranger ses affaires… sans succès? Et si, pour préserver votre voix ET vos nerfs, vous réduisiez votre consigne à un seul mot?

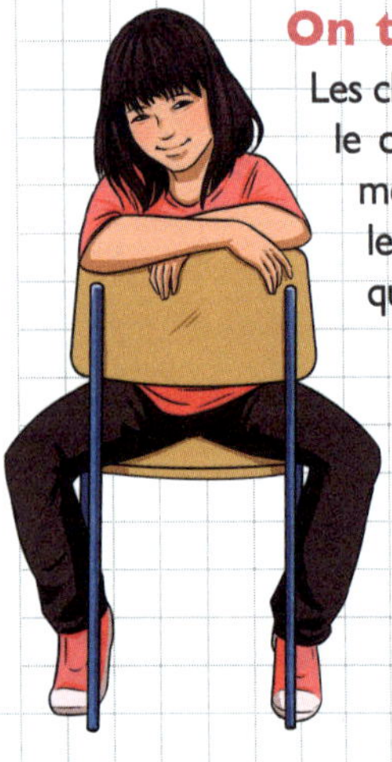

On tente parce que...

Les charabias et les sermons interminables «débranchent», au bout d'un moment, le cerveau des enfants. En effet, leur cerveau immature n'est pas encore en mesure de traiter correctement des phrases trop longues, surtout si vous les dites d'une voix énervée, génératrice de stress. Votre solution : n'utiliser qu'un seul mot (prononcé, si possible, d'une voix calme)!

À vous de jouer

Ses chaussures traînent (encore!) au milieu du salon? Retenez-vous de lui lancer un «Thomas, tes chaussures traînent encore par terre! Combien de fois on t'a dit de...» Dites simplement : «Thomas, chaussures!». Tel un programme informatique qui réagit à un mot de passe, le cerveau de votre enfant s'activera comme par magie.

Nos clés pour prévenir les disputes dans la nouvelle fratrie

Depuis la recomposition de votre tribu, vous ne voyez entre vos enfants et ceux de votre moitié que deux cas de figure possibles : soit ils se chamaillent, soit ils s'ignorent complètement. Voici quelques clés pour mettre fin à cette guéguerre (froide) !

Ils se chamaillent ? RELATIVISEZ !
Même si leurs disputes vous minent le moral, essayez de prendre du recul ! Les disputes entre frères et sœurs existent aussi dans les familles de « première génération ». Pas de panique donc. Les enfants ont besoin de temps pour apprendre à se connaître et à développer des liens, mais vous êtes là pour les aider et ils vont finir par y arriver !

On crée un règlement !

Qui dit vivre en communauté, dit règles à suivre ! Dans une famille, c'est pareil. Pour éviter les frictions, mettez en place un règlement spécial enfants ! Grâce à ces quelques règles simples, vos petits sauront ce qu'ils ont (ou n'ont pas) le droit de faire, et surtout à quoi ils peuvent s'attendre de la part des autres. Résultat : ils se sentiront tous en sécurité !

Nos règles de vie spécial enfants

Évidemment, chaque famille a les siennes. Mais globalement elles peuvent se résumer dans les grandes lignes à :

- On se respecte physiquement : il est interdit de se pousser, de taper, de mordre, de frapper, de gifler, de se tirer les cheveux.
- On se respecte verbalement : il est interdit de dire des gros mots, des insultes, des humiliations et des moqueries.
- On respecte les affaires des autres : il est interdit d'arracher les jouets des mains, de rentrer dans l'espace de l'autre, de prendre les affaires ou de porter les vêtements de l'autre sans autorisation.

Notre outil pour un règlement de fratrie hyper fonctionnel

- Complétez le tableau page suivante avec les règles que vous souhaitez instaurer dans votre fratrie recomposée.

Les règles de notre tribu
• On se respecte physiquement. • On se respecte verbalement. • On respecte les affaires des autres.
....
....
....
....

- Recopiez et affichez-les dans leur chambre ET dans votre espace de vie ! Dans le feu de l'action, vous n'aurez plus qu'à les rappeler.

On leur apprend l'empathie !

Certes, les enfants ont toujours bien des choses à se reprocher, mais en cas de dispute, tout le monde souffre ! Pour leur faire comprendre qu'ils sont tous dans le même bateau, nourrissez l'empathie.

Notre outil pour cultiver l'empathie

Avant tout, discutez régulièrement avec eux de leurs demi-frères et sœurs. Prenez le temps de leur raconter leur vie, décrire leurs caractères et leur expliquer qu'ils ont vécu, eux aussi, une séparation et une recomposition. Vos enfants ont donc plus de points en commun qu'ils ne le croient !

Pour aller plus loin dans l'apprentissage de l'empathie, essayez le jeu des émoticônes. Collez sur une feuille des autocollants ou des émoticônes imprimées et affichez votre poster sur le frigo ou dans la chambre des enfants, par exemple. Autre option : découpez votre feuille en morceaux, puis collez sur chacun une émoticône différente pour fabriquer un jeu de cartes !

Le matériel qu'il vous faut :
- une grande feuille cartonnée ;
- des émoticônes à imprimer/des autocollants émoticônes à coller.

3 façons d'utiliser les émoticônes

- Votre belle-fille a l'air tristounette ? Demandez-lui de trouver sur le poster (ou de choisir parmi les cartes) son émotion du moment.

ON SE MET AU DIAPASON CÔTÉ ÉDUCATION !

- Faites deviner à vos enfants les émotions de leurs frères/sœurs par alliance en cherchant les émoticônes correspondantes.
- Faites des jeux de mime. Un enfant imite certaines émotions, vous ou les autres enfants tentez de les deviner.

On offre de l'amour à chaque enfant !

Perdre votre amour, c'est sûrement ce qui les tracasse le plus. Votre mission : les rassurer ! Même si les enfants sont désormais plus nombreux, tentez d'accorder à chacun un moment privilégié. Passez (si vous pouvez) tous les soirs un peu de temps avec chaque enfant séparément. Autre option : sautez sur les occasions qui se présentent dans la journée pour passer un petit moment avec eux. Votre priorité : leur montrer que votre amour n'a pas changé ! Quand ils comprendront que leurs frères et sœurs par alliance ne sont pas des « menaces », ils les accepteront mieux !

Notre outil pour prouver aux enfants que votre amour est infini

Expliquez aux enfants que votre cœur est comme un ballon gonflable : à chaque fois qu'une nouvelle personne rentre dans votre vie, le ballon grandit pour faire de la place à tout le monde. Il n'y a donc aucun risque que votre amour pour eux diminue.
N'hésitez pas également à expliquer la même chose à vos beaux-enfants : ce n'est pas parce que vous (et vos enfants) êtes arrivés que leur papa/maman les aime moins !

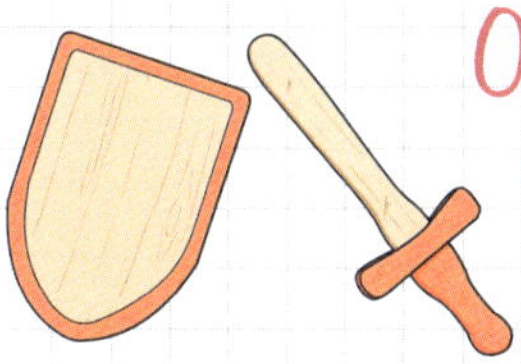

On ne joue pas aux justiciers !

Pour éviter que les disputes ne s'enveniment, un seul mot d'ordre : ne prendre aucun parti ! Après tout, vous connaîtrez rarement la réelle cause du conflit, donc pour éviter les faux pas, restez aussi neutre que possible !

Notre outil pour rester neutre (même quand c'est difficile !)

En cas de conflit entre vos enfants et ceux de votre moitié, votre instinct de protection vous pousse à prendre la défense d'une des parties (le plus petit, celui qui pleure…) ? C'est le premier signe que votre cerveau émotionnel a pris le dessus et que vous n'êtes plus en mesure de réfléchir convenablement. Pour retrouver votre calme, procédez en trois temps :

- **Patientez quelques instants avant d'intervenir.** Ces quelques secondes permettront à votre cerveau émotionnel de se calmer et à votre cerveau rationnel de se remettre en route.

- **Répondez à ces trois questions :**
  - ❑ Y a-t-il une urgence ou un réel danger pour quelqu'un ?
  - ❑ Est-ce que je connais le coupable ?
  - ❑ Est-ce que ma colère va aider à résoudre le conflit ?
- **Analysez.** Vous verrez que le plus souvent la réponse à ces trois questions sera « Non ». Vous pourrez ensuite gérer la situation de façon plus réfléchie, détendue et neutre.

Notre pas-à-pas pour apaiser les bagarres

Vous avez tout fait pour éviter l'altercation… Mais rien à faire, vos enfants respectifs sont passés en mode guerre de tranchées. Et cela pourrait encore durer. Votre solution : un bon petit tuto pour gérer les conflits.

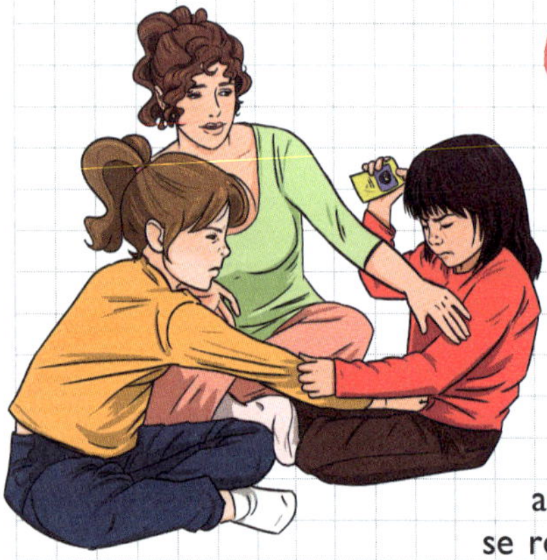

On les sépare

Malgré les règles bien établies (voir p. 71), le petit de votre chéri(e) continue à s'approprier les jouets de son frère par alliance ? Ils en viennent même parfois aux mains ? C'est le moment d'agir !

Notre solution

Dans le feu de l'action, rien ne vaut un moment de séparation pour apaiser les différents partis (et vous aussi) ! Alors soufflez un bon coup et envoyez les enfants se reposer dans leur chambre.

Plus facile à dire qu'à faire

Même si elles sont difficiles à contenir, évitez (si vous le pouvez) les injonctions cinglantes du type : « Dans vos chambres jusqu'à nouvel ordre ! » Il ne s'agit pas d'une punition, mais d'un moment de relaxation. Chacun pourra ainsi retrouver son calme pour mieux se retrouver et rejouer ensemble.

Aïe, ça coince !

Les séparer, vous voudriez bien, sauf que votre beau-fils refuse d'obtempérer : pas question pour lui d'aller dans sa chambre ! Votre solution de secours : prenez-le calmement par la main et raccompagnez-le jusqu'à sa chambre en expliquant doucement : « Je sais, tu n'en as pas envie, mais nous avons tous besoin de nous calmer. Vous rejouerez ensemble dès que ça ira mieux, ok ? »

On les écoute

Maintenant qu'il est dans sa chambre, votre beau-fils (ou votre petit, voire les deux) continue à crier? Là encore, il va falloir donner de votre personne!

Notre solution

Une écoute active est un remède miraculeux (ou presque) pour résoudre les petites bagarres et les grandes disputes. Son grand avantage : elle permet à l'enfant de s'exprimer sans être jugé ou grondé.

Plus facile à dire qu'à faire

Commencez par l'enfant que vous trouvez le plus affecté par la dispute. Mettez-vous à son niveau ou à côté de lui et écoutez. Il a du mal à se lancer? Posez-lui quelques questions pour l'aider comme : « Tu as envie de m'en parler? », puis continuez comme vous en avez désormais l'habitude (voir p. 50). Lorsque vous le trouvez calmé, n'oubliez pas d'aller voir les autres enfants.

Aïe, ça coince!

Vous voulez bien l'écouter! Le hic : il refuse de vous parler! Votre solution de secours : restez simplement à ses côtés, votre présence silencieuse lui montrera aussi que vous compatissez. Il vous repousse ou vous crie de partir? Dites-lui que vous ne serez pas loin s'il a besoin de vous.

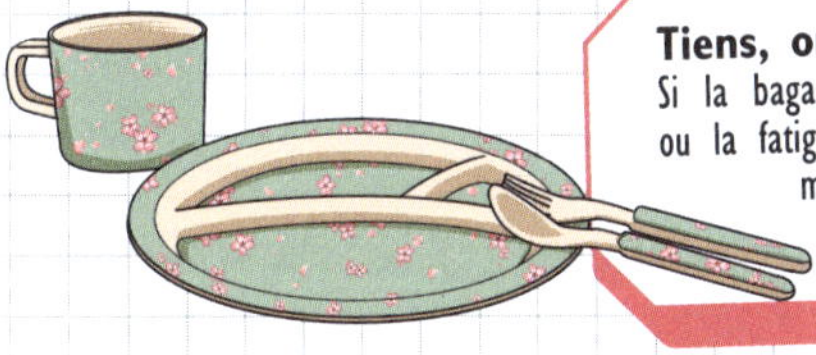

Tiens, on n'y avait pas pensé!
Si la bagarre survient toujours au même moment, vérifiez que la cause n'est pas la faim ou la fatigue, auquel cas, avancez l'heure du repas, du bain, voire même du coucher. De la même manière, si les querelles éclatent autour du même jouet, mettez-le de côté (temporairement du moins)!

On les aide à trouver des solutions

Maintenant que vos deux petits sont zen, profitez-en! Car vous savez pertinemment qu'il ne se passera pas une heure avant qu'une nouvelle bagarre n'éclate. Il est temps de prendre les devants.

Notre solution

Prenez un temps individuellement avec chaque enfant ou réunissez toute la tribu et lancez-vous dans un grand *brainstorming* pour savoir ce qu'ils peuvent faire pour éviter ces incidents à l'avenir.

Plus facile à dire qu'à faire

N'hésitez pas à procéder méthodiquement! Ils se battent pour un jouet? Notez toutes les solutions proposées : demander avant d'emprunter, ne pas laisser traîner ses jouets, établir des tours, définir une durée du jeu, etc. Puis choisissez celle qui convient à tous.

Aïe, ça coince !

Votre garçon refuse de participer, voire ne supporte plus du tout la compagnie du fils de votre moitié ? Proposez-lui une feuille sur laquelle il pourrait exprimer ses pensées ou les dessiner.

On leur fait confiance

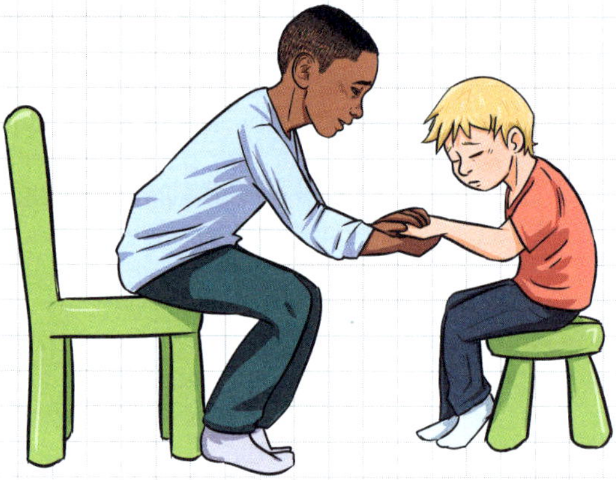

Vous avez tout essayé pour apaiser les tensions entre eux. Le hic : vous remarquez parfois que votre présence a tendance à remettre de l'huile sur le feu !

Notre solution

Bien que votre présence soit importante et permette de préserver le calme (et votre santé mentale !), certaines situations ne nécessitent pas forcément votre intervention. Dans une tribu recomposée, votre implication dans un conflit peut au contraire parfois amplifier le mal-être d'un des enfants : « Sa maman/Son papa est encore là pour le protéger. C'est toujours contre moi ! » Résultat : ça repart de plus belle ! Alors, ouvrez les yeux et tendez l'oreille avant d'intervenir dans un conflit entre vos beaux-enfants et vos propres enfants.

Plus facile à dire qu'à faire

Ils se chamaillent pour une voiture ou n'arrivent pas à se mettre d'accord sur un dessin animé ? Laissez-les d'abord essayer de résoudre le problème seuls. Si vous sentez en revanche que le ton commence à monter, intervenez !

Aïe, ça coince !

Votre beau-fils refuse toute autorité de votre part et est, par défaut, en mode « Tu n'es pas ma mère/mon père » ? Votre solution de secours :

- Rassurez-le sur le fait que vous ne cherchez pas à prendre la place de ses parents.
- Charger votre moitié d'aborder l'incident avec son enfant. Le parent biologique a toujours plus d'influence !

Déjouez le conflit par le jeu !

Vous êtes au bout de vos ressources ? Et si vous tentiez le jeu ?

- Ils se disputent pour le dernier yaourt aux fruits ? Aidez-les à devenir des pros de la négo ! Les règles du jeu : les deux restent à table jusqu'à ce qu'ils trouvent un compromis.
- Ils s'insultent allègrement ? Jouez la carte du silence. Mettez-les dans deux coins opposés de la pièce. La règle du jeu : garder le silence jusqu'à ce que le ton et les mots gentils refassent surface.
- Ils se chamaillent pour une bricole ? Attrapez l'objet de leur conflit et fuyez en criant : « Il est à moi ! » ou faites semblant de pleurer en disant : « Vous l'aimez plus que moi, c'est pas zuste ! »

Chapitre 5

On s'épanouit dans notre quotidien « recomposé »

Un nouveau foyer douillet, une éducation (presque) rodée, une communication maîtrisée… ça, c'est (quasi) réglé ! Il ne vous reste plus qu'à dompter votre nouveau quotidien. Car, entre les gardes alternées, les devoirs, les activités extra-scolaires de tout ce petit monde, vous avez souvent l'impression de courir un marathon à la vitesse d'un sprinter. Bonne nouvelle, ce chapitre est là pour vous épauler. Vous y trouverez de nombreux tutos pour ne rien oublier, de bonnes astuces pour tout organiser et de précieuses recettes pour gérer vos coups de mou et prendre soin de votre couple. Alors, prêts ?

Nos tutos pour une vie de tribu bien rodée

Vous avez la sensation d'être sur les rotules, *speed* en permanence et lessivé(e) le soir ? Vous attendez parfois la semaine où vos petits seront chez votre ex comme un moment salvateur pour (enfin) récupérer ! Découvrez ces quelques outils pour vous organiser et vous préserver !

Un planning des tâches pour que tout le monde mette la main à la pâte !

Pourquoi c'est important pour notre tribu ?

Maintenant que votre tribu a doublé de volume (ou presque), il faut vous rendre à l'évidence : gérer la maison relève souvent de l'exploit ! Et même si vous adorez votre tribu, pas question d'endosser tout ce travail seul(e) !

Votre solution : répartir les tâches équitablement et impliquer tout le monde. Alors certes, vos (beaux-)enfants vont râler, mais mettre en place un planning des tâches allégera vos agendas d'adultes et renforcera votre complicité. C'est bien connu, quand tout le monde œuvre pour la même cause, ça rapproche !

Notre tuto pour ne plus nous sentir débordés

Le matériel qu'il vous faut :
- une grande feuille de papier ;
- une règle ;
- un stylo/un crayon à papier ;
- des feutres/des crayons de couleur ;
- des gommettes de couleur (une pour chaque enfant de la tribu) ;
- ou tout simplement un *template* de planning familial à imprimer chaque semaine (disponible sur Pinterest notamment).

- **Commencez par définir les rôles.** Posez-vous avec votre moitié et répartissez vos tâches :
  + école/activités extrascolaires : qui amène/récupère les enfants ?
  + Cuisine : qui cuisine quel jour ?
  + Courses et tâches ménagères : qui fait quoi et quand ?
  + Les devoirs : qui s'occupe de quel enfant ?
- **Puis, faites la liste des tâches que vous souhaitez confier aux enfants** : ranger leur chambre, mettre/débarrasser la table, passer l'aspirateur, sortir le chien, participer à la préparation des repas…
- Pour ne rien oublier, notez le tout au fur et à mesure.
- **Enfin, réalisez un planning** en traçant un semainier sur votre feuille. Faites-y figurer tous les membres de votre tribu et les tâches à réaliser. Un conseil : pour les tâches des enfants, tenez compte de leur âge, disponibilité et jours de présence/absence. Votre belle-fille Marie rentre tard de son cours de judo ? Au lieu de débarrasser la table le soir, elle s'occupera du petit-déjeuner.
- Une fois les tâches terminées, **proposez aux enfants de dessiner dans leur case un smiley,** une étoile ou de coller la gommette de couleur qu'il/elle aura choisie.

Faites un nouveau planning toutes les semaines pour l'adapter au mieux à la situation de votre tribu : les disponibilités de chacun, la présence des enfants…

	lundi	mardi	mercredi	jeudi	vendredi	samedi	dimanche
Mettre la table	Marie (midi) Paul (soir)						
Passer l'aspirateur							
Préparer le repas							
Sortir la poubelle							
Faire les courses 			Commande drive (vous)		Drive (votre conjoint(e))		

Un planning hebdomadaire pour une ambiance sereine

Pourquoi c'est important pour notre tribu?

Entre le nombre décuplé de rendez-vous, votre belle-fille à récupérer à l'école 1 semaine sur 2, vos propres enfants à déposer chez votre ex chaque vendredi… vous vous sentez surmené(e)! Le hic : le stress et la fatigue peuvent finir par affecter votre moral et vous rendre moins efficace! Votre solution pour pallier à tous les aléas et retrouver un peu de sérénité : créer un planning hebdo!

On garde sous le coude…

- **Le recap des semaines de garde** pour pouvoir consigner les jours de présence et d'absence des enfants.
- **Les agendas de vos (beaux-)enfants** avec les invitations chez les copains, les sorties, les activités extrascolaires, etc.

- **Vos priorités à vous.** Vous avez des bilans médicaux qui attendent depuis longtemps, un gros ménage de printemps à effectuer? Vous rêvez d'un passage chez le coiffeur ou d'une sortie en amoureux? Il faudra aussi les glisser dans votre planning! Et l'avantage des tribus recomposées, c'est qu'il y aura des moments où vous aurez moins (voire pas du tout) d'enfant(s) à la maison. Profitez-en pour les caler. Vous serez d'autant plus détendu(e) au moment de retrouver vos (beaux-)enfants.

L'astuce en plus : créez-vous une to-do liste spéciale pour les semaines/week-ends « zéro enfant » !

Notre pas-à-pas pour créer votre planning de la semaine !

- À l'aide d'une règle et d'un crayon, tracez un semainier ou imprimez un modèle réalisé par vos soins ou trouvé en ligne.
- Remplissez votre planning, de préférence avec des stylos ou des feutres effaçables pour pouvoir le modifier facilement.
- S'il s'agit des activités de vos (beaux-)enfants, marquez après chaque activité qui amènera ou récupérera l'enfant.
- Accrochez votre planning dans un endroit visible. Et n'oubliez pas de le mettre à jour en cas de changement de plan !

Le matériel qu'il vous faut :
- une feuille cartonnée ;
- une règle ;
- des feutres et des crayons effaçables ;
- des gommettes.

	Vous	Votre conjoint(e)	Thomas	Alicia	Manon
Lundi					
Mardi					
Mercredi					
Jeudi					
Vendredi					
Samedi					
Dimanche					

Gestion du quotidien : les applis qui vont bien !
Pour gérer efficacement votre emploi du temps et partager toutes les données nécessaires avec votre moitié (ou votre ex), optez pour les applis spéciales familles recomposées ou séparées comme *Coot, Family Facility, Easy2family, 2houses, Planiclik.*

Un calendrier de l'année pour ne rien oublier

Pourquoi c'est important pour votre tribu ?

Quand vous vous projetez dans les mois à venir, vous en avez le tournis : caser vos enfants pour les vacances chez leurs grands-parents respectifs, ne pas vous louper avec les jours/les semaines de garde, vous organiser avec vos ex pour les fêtes d'anniversaire et de Noël… Pour éviter les oublis, les confusions et les organisations (stressantes) de dernière minute, créez pour votre nouvelle tribu un calendrier de l'année qui permettra aux enfants (et à vous-mêmes) de profiter pleinement de chaque événement.

On n'oublie pas de noter

- **Les (petites et grandes) vacances.** Chez papy-mamie, chez vos beaux-parents ou chez l'un de vos ex. Cela vous apportera de la visibilité et facilitera l'organisation de votre année!
- **Les anniversaires de vos (beaux-)enfants/(beaux-)parents.** Oublier par mégarde les anniversaires de vos beaux-enfants? Organiser la fête d'anniversaire de votre fille alors que c'est sa semaine chez votre ex? Autant éviter le drame!
- **Les jours d'absence des enfants.** Histoire de caser un week-end en amoureux ou autres réjouissances!

Le matériel qu'il vous faut :
- 12 feuilles épaisses;
- un ruban ou une ficelle;
- une règle;
- une perforatrice;
- des stylos/feutres/crayons de couleur;
- des stickers/autocollants;
- des photos de votre tribu.

Notre pas-à-pas pour réaliser votre calendrier de l'année

- Imprimez le calendrier de chacun des 12 mois de l'année (ou tracez-les si vous en avez le courage).
- Attribuez un code couleur à chaque enfant et dessinez dans chaque case un trait ou une croix de sa couleur pour marquer quand il/elle est là.
- Avec la perforatrice, percez un trou dans chaque feuille, puis attachez les feuilles entre elles à l'aide d'un ruban ou d'une ficelle.
- Invitez votre petite tribu à décorer votre calendrier comme elle le souhaite (photos, tampons, gommettes, dessins, etc.).
- Remplissez et modifiez votre calendrier au fil de l'eau.

Noël en famille, un casse-tête pour les tribus recomposées!
Vous rêvez d'un Noël joyeux, plein de paillettes avec toute la petite tribu réunie? Malheureusement tout ne sera pas toujours aussi rose! Votre ex voudra parfois garder ses enfants pour Noël, vos beaux-enfants ne seront peut-être pas enthousiastes à l'idée de passer les fêtes avec vous et vos enfants… L'astuce pour garder le sourire : prendre du recul!
- Vos enfants restent chez votre ex? Réjouissez-vous-en! Ils sont très bien avec leur papa/maman.
- Tout le monde ronchonne et vos rêves d'une ambiance festive tombent à l'eau? Relativisez! Cela se passera mieux l'année prochaine.
- Noël c'est la fête des enfants et vous vous retrouvez seuls? Sautez sur l'occasion pour partir en amoureux!
- Rappelez-vous : vous pourrez toujours tous vous retrouver plus tard pour une fête à la hauteur de vos rêves. Même si vous fêtez Noël en janvier, où est le problème?

Notre programme pour aider les enfants à naviguer entre deux maisons

Qui dit famille recomposée, dit, souvent, garde partagée. Comment faire afin que tout se passe dans les meilleures conditions pour les enfants, pour vous et votre co-parent ? Voici quelques bons plans pour faciliter ces petits moments de transition.

On s'arme de bons outils

Pour ne rien oublier, de la semaine de garde aux petites déconvenues des jours précédents, adoptez ces quelques outils. Vos enfants n'en seront que plus zen !

Le calendrier de garde

Être constamment en vadrouille entre deux foyers, cela peut être déroutant pour vos (beaux-)enfants qui ont tant besoin de stabilité. Pour leur donner des repères et vous assurer à vous aussi une certaine stabilité et sérénité, misez sur votre calendrier de l'année (voir p. 81).

Le cahier de liaison avec le co-parent

Le cahier de liaison vous permettra de communiquer sereinement toutes les infos pertinentes concernant vos enfants : un après-midi chez un copain, une invitation à un anniversaire, les devoirs à corriger… Ne lésinez pas sur les détails : mieux vaut en mettre trop qu'oublier un élément important.
Et pour être certains de ne rien oublier, notez tout régulièrement ou faites appel à une appli spécialement dédiée aux parents séparés (voir p. 80).
N'hésitez pas aussi à ajouter un mot sur l'état de vos petits comme « Dispute avec un copain, risque d'être grognon » ou « Une molaire qui perce, sommeil agité ». Cela permettra à votre co-parent de mieux préparer l'accueil.
Et évidemment, donnez le cahier de liaison à votre ex en mains propres ou mettez-le dans le sac de votre enfant. Votre objectif : ne jamais l'oublier !

3 pistes pour que la co-parentalité se passe au mieux !
La relation entre ex est souvent compliquée. Et si vous tentiez de…

- **poser les règles !** Accepteriez-vous des changements de garde de dernière minute ? Sur quels sujets clés souhaitez-vous discuter : scolarité, santé… Pour quels imprévus acceptez-vous d'être dérangé(e) ? Clarifiez les limites et les attentes de chacun.
- **limiter les interactions !** Si votre relation avec votre ex est cordiale, tant mieux ! Mais si son comportement vous exaspère, limitez vos échanges au strict minimum : les enfants.
- **mieux communiquer !** Les désaccords à propos des enfants sont inévitables ! Parlez cependant sur un ton courtois, préférez les emails à la messagerie instantanée et relisez toujours deux fois (voire attendez le lendemain avant d'envoyer votre message). Vous risquerez moins, sous le coup de la colère, de dire des choses qui pourraient compliquer votre relation.

On les aide à préparer leur départ sereinement

Pas facile entre le rush de l'école et la fatigue de la semaine de tout prévoir… surtout quand il faut changer de maison !

On prépare une check-list pour leur valise

Toutes les semaines, c'est la même chose : il faut refaire leur sac… et évidemment, il y a toujours ou presque une affaire qui manque. Il est temps de rationaliser tout cela ! Réalisez, avec vos enfants, une liste de choses à ne pas oublier et affichez-la dans leur chambre.

Notre check-list d'affaires à vérifier :

- **Les favoris** (doudous, photos, boîte de souvenirs, vieux t-shirt avec l'odeur de maman/papa, etc.).
- **Les affaires d'école/crèche** (livres, cahiers, chaussons, etc.).
- **Des vêtements adaptés à leurs activités et à la saison !** Avant chaque départ, jetez un petit coup d'œil sur la météo pour ne pas oublier les bottes de pluie ou le bonnet si nécessaire.
- **Les médicaments, lunettes, etc.** Et s'il y a changement par rapport à d'habitude, notez-le dans le cahier de liaison.

On fait le sac !

Maintenant que vous avez votre liste de *précieux* à ne pas oublier, il ne vous reste plus qu'à remplir les petites valises de vos (beaux-)enfants. Préparez les sacs la veille du départ pour éviter de le faire à la dernière minute.

Votre enfant veut préparer son sac tout seul ? N'oubliez pas de vérifier qu'il a pensé à tout. Si, toutefois, il rechigne, c'est que la perspective du départ est sans doute difficile pour lui. N'hésitez pas à l'aider. Vous êtes sous l'eau ? Si vous avez plusieurs enfants, proposez-leur de préparer leurs sacs ensemble. Et s'ils s'entendent bien avec leurs frères/sœurs par alliance, vous pouvez également les impliquer. Quand ce sera leur tour de partir, vos petits pourront aussi les aider.

On les met en condition

Partir chez leur père/mère signifie pour vos enfants devoir se séparer de vous… mais aussi de leurs nouveaux frères et sœurs avec qui ils ont peut-être tissé une belle relation. Résultat : les petits coups de mou sont souvent au rendez-vous. Heureusement, il existe un antidote efficace contre le blues du départ : votre bonne humeur ! Car oui, mieux vous serez disposé(e) au moment de la séparation, mieux vos enfants vivront cet instant.

Notre to-do liste pour se séparer sereinement

- **Mettez de côté vos ressentis négatifs**, enfilez votre plus beau sourire (même si c'est difficile) et souhaitez-leur un bon séjour.
- **Rassurez-les sur le fait qu'ils sont entre de bonnes mains**, qu'ils s'amuseront beaucoup avec leur autre parent et que la nouvelle moitié de leur papa/maman est vraiment chouette (même si vous ne le savez/pensez pas vraiment).
- Si vos enfants appréhendent l'idée de retrouver les beaux-enfants de votre ex, discutez avec eux et **rassurez-les.**
- **Laissez-les exprimer leurs émotions.** Si vous voyez que quelque chose les tracasse au moment de la séparation, écoutez-les, posez des questions et, s'ils en ont besoin, offrez-leur la possibilité de pleurer. Parfois pouvoir s'exprimer, c'est tout ce qu'il leur faut pour aller mieux.

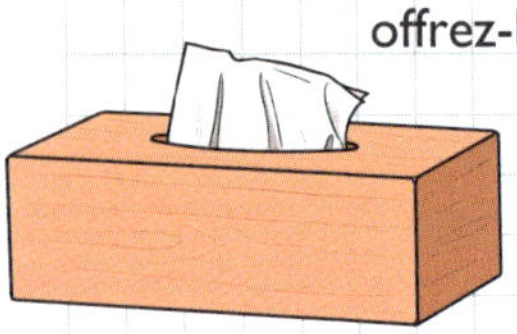

- Ils vivent la séparation d'avec vos beaux-enfants comme un déchirement. Inspirez-vous de cette petite liste!
- **Offrez-leur un moyen de rester en contact** : téléphone, Skype, messagerie instantanée, etc. S'ils ont l'âge évidemment!
- **Créez un rituel de retrouvailles** : soirée film ou jeux de société, un repas spécial, une sortie en famille. Cette pensée agréable les aidera à traverser la séparation avec plus de facilité.
- **Pour les enfants qui restent à la maison,** si vous le pouvez, passez plus de temps avec eux pour combler le vide.
- **Pour les enfants qui s'en vont,** proposez-leur une activité à emporter avec eux ou un défi à réaliser (un album de mandalas à colorier, des LEGO à assembler, un nouveau livre à lire). Cela les occupera pendant leur séjour chez leur autre parent et le temps passera plus vite.

On facilite leur retour

Partir de chez vous? C'est compliqué… Mais y revenir et donc se séparer de leur autre parent, ce n'est finalement pas plus facile!

On prépare un cocon douillet

Quelle que soit la durée de leur séjour chez vous, faites sentir à vos enfants qu'ils sont aimés et attendus, notamment, en préparant leur chambre. Allumez le radiateur quelques heures en avance, mettez dans leurs lits une bouillotte, sortez quelques-uns de leurs jouets préférés… N'hésitez pas également à préparer un repas, un apéro ou un goûter spécial pour célébrer leur retour parmi vous. Si vos

(beaux-)enfants sont partants, impliquez-les : faites ensemble un gâteau ou préparez un jeu pour accueillir les enfants qui reviennent.

On les laisse finir leur temps avec leur autre parent sereinement

Le temps avec chacun des parents est toujours trop court pour les enfants. Pour que la séparation se passe en douceur, proposez à votre ex de déposer les enfants chez vous ou de vous passer un coup de fil quand les enfants sont prêts. Ainsi, s'ils ont besoin d'un quart d'heure supplémentaire pour terminer un jeu ou une balade au parc, vous ne contrarierez pas leurs plans et laisserez les enfants terminer leur séjour sereinement.

On les aide à vivre la transition

Malgré leurs capacités d'adaptation, tous les enfants ont besoin d'un certain temps de transition après chaque séparation. Résultat : à chaque retour, vous ne reconnaissez plus vos enfants devenus subitement grincheux et exigeants !

Deux bons réflexes à adopter pour les aider à mieux vivre le retour :

- **Créez un moment d'échange et d'écoute** pour discuter avec chacun d'entre eux et les aider à mettre les mots sur leurs ressentis. Posez-leur des questions, il faut parfois creuser longtemps pour comprendre la véritable cause de leur coup de mou.
- S'ils font la tête parce qu'ils n'ont pas envie de revoir votre conjoint(e) ou ses enfants, **accordez-leur un moment d'exclusivité** : sortez-les au parc, faites un jeu dans leur chambre, demandez à votre chéri(e) d'occuper ou de sortir ses enfants.

Nos recettes secrètes pour prendre soin de votre couple !

C'est parce que vous vous aimez que votre tribu est née ! Et c'est aussi grâce à votre amour que vous tenez bon face aux aléas de la recomposition. Donc, même si votre quotidien est plus prenant que jamais, pas question de négliger votre couple ! La solution pour entretenir vos sentiments : apprendre à parler la même langue.

J'offre des petits cadeaux

Les cadeaux? Bien sûr que vous aimez cela! Mais franchement, cela n'a jamais été une priorité… d'autant plus maintenant que vous avez une famille recomposée.

Les 5 langages de l'amour, c'est quoi au juste?
Selon Gary Chapman, conseiller conjugal et auteur des *5 langages de l'amour* (Éd. Leduc.s), pour parler «amour» nous n'avons pas un, mais cinq langages! Et votre langue peut ne pas correspondre à celle de votre moitié! En effet, chacun de vous a ses façons privilégiées d'exprimer son affection. Ainsi, pour toujours mieux vous comprendre et savoir répondre aux besoins de l'autre, il est essentiel d'enrichir votre «vocabulaire» amoureux. Le bénéfice : une plus grande complicité et un couple qui dure!

Pourquoi ça compte…

Les cadeaux sont des marques visibles de vos sentiments pour votre moitié. En le/la gâtant avec des petits présents (la valeur n'a aucune importance!), vous lui montrez qu'il/elle compte pour vous. Et si les preuves matérielles de l'amour vous importent peu, dites-vous que c'est peut-être tout l'inverse pour votre partenaire. Et puis, il y a bien d'autres façons d'offrir.

Mes petits secrets pour le/la gâter

- **Préparez-lui un dîner romantique** ou faites son dessert préféré. Les petits plats maison montrent que vous y avez consacré du temps et ainsi pensé à lui/elle.
- **Écrivez-lui un mot doux et glissez-le dans la poche de sa veste.** L'alternative : déclarez-lui votre flamme dans une belle lettre d'amour ou simplement par email.
- **Encadrez et offrez-lui une photo** de vous deux.
- **Offrez-lui du repos :** pensez par exemple à alléger son quotidien en prenant parfois en charge le dîner, le tri des papiers ou les devoirs de ses enfants.
- Vous ne savez pas quoi offrir? **Faites-vous conseiller par vos beaux-enfants** ou votre belle-famille. Ils apprécieront d'être inclus dans ce joli moment.

Je fais preuve de reconnaissance

Votre moitié vous fait la tête sans que vous ne sachiez pourquoi ? Et si il/elle était simplement en manque de reconnaissance?

Pourquoi ça compte...

Lorsqu'on gère une famille recomposée, on donne beaucoup et on reçoit parfois peu en retour. Mais quoi de plus efficace pour contrer les coups de blues et redonner à votre moitié la pêche et le sourire que de le/la valoriser ou le/la remercier régulièrement?

Mes petits secrets pour le/la valoriser :

- **Faites-lui des compliments!** Il cuisine comme un chef ou elle n'a pas son pareil pour réparer tout ce qui tombe en panne dans la maison? Rappelez-lui à quel point ses talents sont précieux.
- **Soulignez ses qualités!** Il gère les disputes entre vos enfants et les siens avec un calme et une efficacité redoutables? Dites-le-lui! Elle fait preuve d'une patience hors norme avec vos enfants? Remerciez-la!

- **Reconnaissez ses efforts!** Malgré les moult rejets de ses beaux-enfants, il/elle ne baisse pas les bras et garde le moral? Rappelez-lui à quel point ses efforts vous touchent.

Votre objectif se résume en deux mots : en prendre conscience puis le lui dire. Le besoin de reconnaissance est un des besoins de base chez l'être humain. Ne l'oubliez pas!

Je ne néglige pas les caresses et les câlins

Se caresser la main, s'enlacer à la moindre occasion, s'éclater sous la couette jusqu'au petit matin… Vous avez connu cela, mais, à votre grand regret, depuis la recomposition ces envies se font peut-être de plus en plus rares. Aïe!

Pourquoi ça compte...

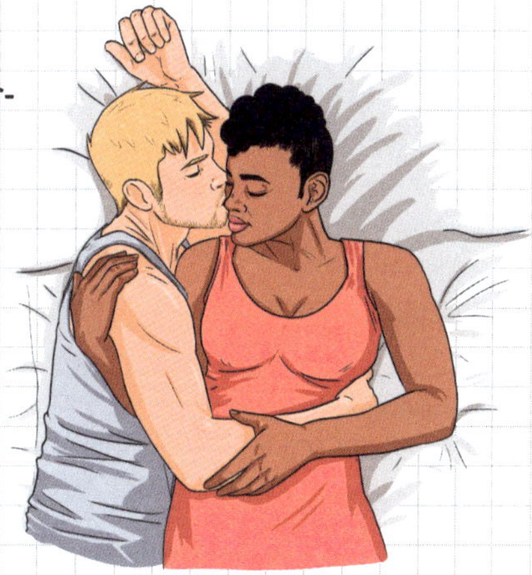

Vous n'êtes plus aussi fusionnels qu'avant? C'est bien normal : comme tous les couples, qu'ils soient recomposés ou non, le quotidien, la fatigue et la routine sont parfois usants. Bonne nouvelle : il n'est jamais trop tard pour retrouver la douceur de vos débuts.

Mes petits secrets pour le/la chouchouter

Et si, pour rallumer la flamme, il suffisait d'identifier les freins qui vous empêchent de vous retrouver? Faites ce petit exercice pour y voir plus clair.

Qu'est-ce qui fait faiblir notre flamme?	Notre façon d'y remédier	On se donne rdv (où et quand?)
Manque de temps pour se retrouver. 	– Mieux organiser notre routine du soir. – Éteindre les portables à 21 h. – Un post-it de rappel dans la salle de bain.	

Je n'oublie pas d'aider et de rendre service

Le partage des tâches, ça vous connaît! Avec votre conjoint(e), vous vous en sortez haut la main! Et pour cause : vous avez tous les deux compris qu'une famille, d'autant plus quand elle est recomposée, ça se gère à deux. Restent ces moments inévitables où la charge mentale tend à déborder. Et c'est là que vous entrez en jeu!

Pourquoi ça compte…

Être prêt(e) à vous retrousser les manches pour donner un coup de main à votre moitié, ce n'est pas toujours évident (surtout quand la fatigue s'installe), mais c'est essentiel! Votre partenaire sera non seulement reconnaissant(e), mais aussi en meilleure forme et de meilleure humeur. De quoi booster l'ambiance dans votre tribu et dans votre couple.

Mes petits secrets pour mieux l'aider

Vous sentez votre conjoint(e) dépassé(e)? Créez un petit pense-bête sur lequel vous pourrez chacun noter vos besoins. Cuisiner chaque jour pour toute votre tribu, gérer seul(e) ses beaux-enfants le soir, leur faire faire les devoirs? Notez chacun toutes les situations où vous avez l'impression de tourner à vide. Il vous sera plus facile de vous épauler. C'est parti!

Vous		Votre moitié	
Les moments/situations qui me font craquer	De quoi j'ai besoin?	Les moments/situations qui le/la font craquer	De quoi il/elle a besoin?

On s'accorde des moments de qualité

Vous avez beau partager de merveilleux moments tous ensemble, la vie de chefs de tribu recomposée peut vite devenir ultra-fatigante. Résultat : pendant vos moments de pause, vous avez tendance à vous glisser sous la couette avec votre tablette ou votre bouquin… dans votre coin !

Pourquoi ça compte ?

Pris dans le tourbillon de votre quotidien recomposé, il est facile d'oublier l'essentiel : passer du temps ensemble ! Or, ces moments de qualité sont indispensables pour nourrir et fortifier votre relation. Grâce à ces instants de pleine présence, vous pourrez échanger, exprimer vos joies et vos tracas, vous soutenir mutuellement. À la clé : moins de tensions et plus de complicité !

Mes petits secrets pour nous retrouver

Prenez quotidiennement quelques instants pour passer du temps ensemble, sans les enfants (et sans écrans !). Profitez-en pour parler, vous écouter et vous admirer. Levez-vous un quart d'heure plus tôt pour prendre un café/thé en amoureux. Casez de temps à autre les enfants chez les copains ou leurs autres parents pour vous offrir des soirées ou des week-ends en duo. Et pour faire de vos tête-à-tête des rendez-vous incontournables, inscrivez-les sur votre planning annuel ou hebdo !

Au secours, je vais craquer !

Gentillesse, bienveillance, compassion, vous voulez bien, mais que faire lorsque votre réservoir émotionnel, à vous, parent, amoureux(-se), beau-parent, explose ? Car il faut bien se l'avouer : plus vous cherchez à contenir vos émotions, plus elles débordent ! Aidez-vous de ces quelques solutions sur-mesure, en fonction de la situation qui vous tracasse.

Je suis jaloux(-se), mais je me soigne !

À chaque appel de son ex, la jalousie vous ronge ? Qu'il s'agisse d'elle/lui ou de ses enfants, vous avez parfois l'impression d'être au milieu d'un triangle amoureux (ou dramatique) ! Même s'il est naturel, le sentiment de jalousie peut miner votre relation. Il est donc important d'apprendre à le gérer.

3 pistes pour éviter de me monter la tête !

- **Observez la situation avec objectivité.** Quand vous avez l'impression d'être invisible aux yeux de vos beaux-enfants, est-ce vraiment le cas ? Ils vous offrent peut-être, simplement, moins d'affection que vos propres enfants, ce qui est tout à fait normal !

- **Osez vous affirmer !** Si vous sentez que l'ex de votre moitié est un peu trop intrusif(-ve), faites savoir à votre chéri(e) que son présent, c'est *vous* ! Misez sur les techniques de la CNV (voir p. 49) ou la critique constructive (voir p. 55) pour faire passer votre message doucement, mais efficacement.
- **Créez des pensées antijalousie.** Quand la jalousie vous pique, combattez-la à l'aide de pensées antijalousie. Il/Elle a voulu passer le week-end seul(e) avec ses enfants ? Mais peut-être que, le mois dernier, il/elle est resté éveillé(e) une bonne partie de la nuit pour vous aider à terminer un dossier. Votre priorité : valoriser le positif dans vos interactions.

Mon outil pour apaiser mes émotions : l'EFT !

Soulager votre jalousie par l'acupuncture SANS les aiguilles, ça vous tente ? L'EFT ou *Emotional Freedom Techniques* (techniques de libération émotionnelle) vise à vous délivrer de vos émotions et sensations désagréables et même soulager certaines douleurs, en quelques minutes seulement !

Et concrètement, je fais comment ?

- Pendant quelques minutes, tapotez doucement du bout des doigts les points indiqués sur le schéma ci-contre, en partant du haut vers le bas.
- Écoutez vos émotions, vos ressentis, vos sensations physiques.
- Pensez à une phrase en rapport avec le problème à traiter en suivant ce schéma : « **Même si** (votre problème) *je ne supporte pas quand son ex se mêle de notre quotidien*, **je** (un fait réel ou une action positive qui serviront d'antidote à vos ressentis négatifs) *sais que je fais de mon mieux !* »
- Votre phrase magique est prête ? Répétez-la, tout en continuant votre *tapping*.

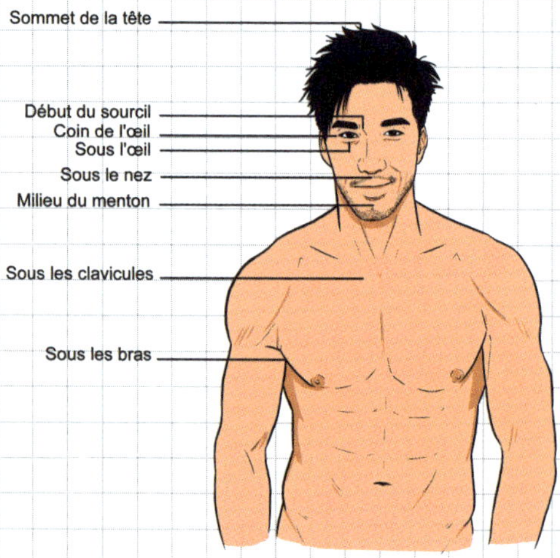

Je me sens rejeté(e)

Vous avez l'impression que tous vos efforts pour vous intégrer sont vains et ne mènent à rien ? Vous vous surprenez parfois à penser que votre vie recomposée n'est pas du tout comme vous l'aviez imaginée. Et ça, ça fait mal !

3 pistes pour ne plus vous sentir exclu(e)

- **Armez-vous de patience !** Même si vous trépignez, vous vous en rendez sûrement compte : gagner l'affection de vos beaux-enfants (ou de votre belle-famille) prendra du temps. Alors serrez les dents, persévérez et gardez espoir !

- **Parlez-en à votre moitié !** Il/Elle ignore sûrement que la solitude vous pèse tant. Vous n'êtes pas invité(e) au concert de fin d'année de vos beaux-enfants sous prétexte que leur mère/père y sera ? Expliquez à votre moitié que cela vous blesse et, qu'en tant que membre de la famille, vous y avez aussi droit.
- **Consacrez-vous du temps !** Votre conjoint(e) part en week-end avec ses enfants ? Chouette ! Au lieu de ruminer ou de râler, profitez-en pour faire quelque chose qui vous plaît vraiment… et que vous ne vous accordez que trop rarement.

Mon outil pour retrouver un peu de sérénité : la pleine conscience

Vous en avez sûrement entendu parler, mais de là à essayer… Et pourtant, s'il y a aujourd'hui un tel engouement pour la méditation de pleine conscience, ou *mindfulness*, c'est qu'elle donne des résultats rapides, efficaces et faciles à obtenir ! Les deux principaux bénéfices à la clé : moins de stress et plus de sérénité, là encore, en dix minutes seulement ! De quoi vous sentir plus détendue et en paix avec votre nouvelle tribu.

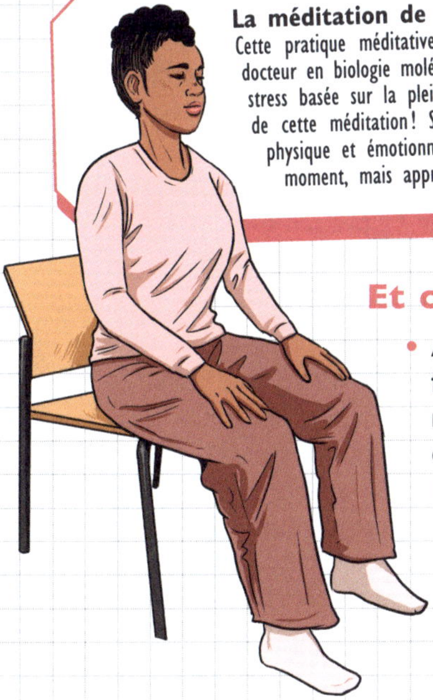

La méditation de pleine conscience, quésaco ?

Cette pratique méditative, qui puise ses origines dans le bouddhisme, a été popularisée par Jon Kabat-Zinn, docteur en biologie moléculaire et auteur du programme MBSR (*Mindfulness-Based Stress Reduction*, Réduction du stress basée sur la pleine conscience). Le *mindfulness*, comme l'appellent les pros, est la forme dite « laïque » de cette méditation ! Ses bienfaits : réduction du stress et de l'anxiété, amélioration générale du bien-être physique et émotionnel, etc. Grâce à une pratique régulière, vous améliorerez non seulement votre état du moment, mais apprendrez aussi à vivre différemment, en étant plus présent pour vous et pour les autres.

Et concrètement, je fais comment ?

- Avant de commencer, établissez une durée (dix minutes suffisent pour les débutants) et programmez une alarme pour marquer la fin de votre session. L'objectif : éviter de vous déconcentrer pour vérifier l'heure. Définissez ensuite un horaire fixe et intégrez cette pratique dans votre routine quotidienne, de préférence, toujours à la même heure pour en faire une habitude.
- Asseyez-vous confortablement sur une chaise ou sur un tapis par terre, en position de lotus. Tenez votre dos bien droit. Vous pouvez fermer les yeux ou les garder ouverts ou semi-ouverts.
- Concentrez-vous sur l'instant présent en portant votre attention sur votre respiration, vos sensations et vos sentiments.

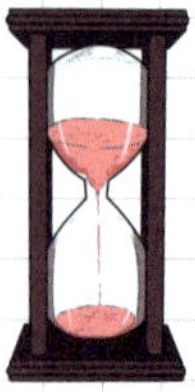

- Vous êtes assailli(e) de pensées ? Ne tentez pas de les contrôler, laissez-les aller et venir tranquillement. Recentrez-vous sur votre souffle pour revenir à l'instant présent.
- Le temps est écoulé ? C'est fini ! Alors, conquis(e) ? Si vous aimez, vous pouvez évidemment allonger ce moment. Vos objectifs : 1. ne pas en faire trop au risque de vous décourager, 2. en faire une habitude pour en ressentir pleinement tous les bienfaits !

Aïe, je ne supporte plus mes beaux-enfants

Vous êtes bien obligé(e) de vous rendre à l'évidence : vous adorez votre tribu, mais parfois vous ne supportez plus vos beaux-enfants. Résultat : vous culpabilisez ! Il est temps de rompre ce cercle infernal.

4 pistes pour ne plus me prendre la tête !

- **Mettez-vous à leur place.** La situation est dure pour eux aussi ! Si vous êtes rentrée dans cette relation en toute connaissance de cause, eux, n'ont pas eu le choix ! Laissez-leur le temps de vous accepter.
- **Faites-en moins !** Parfois les beaux-enfants sont intenables simplement parce qu'ils pensent que vous visez la place de leurs parents. Résultat : plus vous vous impliquez dans leur vie, plus ils deviennent difficiles. Et plus ils sont difficiles, plus vous cherchez à bien faire. Bref, c'est le serpent qui se mord la queue. Votre solution : ne prenez pas les choses trop à cœur et impliquez-vous un peu moins !

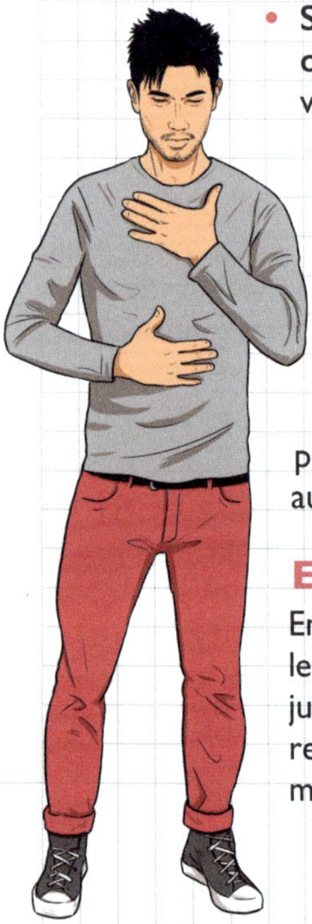

- **Si vous sentez que c'est trop pour vous, désengagez-vous pendant quelque temps.** Laissez votre moitié gérer sa progéniture et recentrez-vous sur votre couple, vos enfants et votre propre bien-être.
- **Et si cela ne va vraiment pas, n'hésitez pas à chercher de l'aide auprès d'un professionnel.**

Mon outil pour redescendre d'un cran : la cohérence cardiaque.

Vos beaux-enfants vous agacent tellement que vous êtes en mode stress quasi-permanent ? Tentez la cohérence cardiaque ! Non seulement elle permet de lutter contre le stress en cinq minutes chrono, mais elle est aussi un excellent booster d'immunité et de réflexion.

Et concrètement, je fais comment ?

En position assise (ou debout), dos bien droit, jambes décroisées, détendez le ventre. Inspirez 5 secondes et expirez 5 secondes (en comptant lentement jusqu'à 5), au rythme de 6 respirations par minute, pendant 5 minutes. À renouveler 3 fois par jour, dès que vous pouvez (en marchant, lors de vos moments perdus…).

Conclusion

Où que vous en soyez dans la recomposition de votre tribu, vous avez dû le constater : ce n'est pas simple tous les jours ! Et pourtant, vous pouvez sûrement déjà vous féliciter de vos premiers succès.

En effet, si votre tribu est aujourd'hui épanouie (ou à deux doigts de l'être), c'est d'abord parce que vous avez su vous adapter ! Ainsi, vous pouvez être fier(e)s d'avoir été capable d'accepter la famille de votre moitié (ses enfants, ses parents et même son ex !) et d'avoir trouvé un terrain d'entente qu'il n'est pas toujours facile de délimiter. Après tout, chacun devient membre de la tribu avec ses habitudes et son mode de vie bien établi. Rester flexible et faire (souvent) des sacrifices n'est jamais aisé et pourtant, vous y êtes arrivé(e)s !

Ensuite, votre tribu peut aujourd'hui vous dire merci parce que vous avez réussi à vous entendre (ou presque) côté éducation. Comme tous les couples recomposés, vous êtes arrivés dans cette nouvelle famille avec vos enfants, vos principes éducatifs et votre seuil de tolérance et de patience. Et même si cela n'a pas toujours été facile, et que vous aurez encore sûrement d'autres accrochages, vous avez su adopter une base éducative commune faite de règles, de nouveaux comportements et habitudes. C'est sur ce socle que vous construisez aujourd'hui votre quotidien, qui permet à vos petits de trouver la stabilité nécessaire pour apprécier leur nouvelle vie et à être heureux dans leur nouvelle famille.

Enfin, si vous êtes aujourd'hui heureux en tribu, c'est évidemment grâce à votre couple. Des épreuves ? Vous en avez connu et vous en connaîtrez sûrement bien d'autres. La bonne nouvelle : bien souvent, elles vous rapprocheront et renforceront votre complicité. Pour cela, veillez à entretenir vos sentiments et à vous épauler l'un l'autre face aux vents contraires (difficultés avec les beaux-enfants, sentiment de solitude et de rejet, charge mentale de ce quotidien souvent épuisant).

En continuant à suivre ce premier sillon de famille recomposée que vous avez su tracer, vous réussirez à transformer cette aventure en un voyage long, riche et merveilleux. Bon vent à votre petite tribu !

Bibliographie

Gary Chapman, *Les langages de l'amour*, Poche, 2015
Lawrence Cohen, *Qui veut jouer avec moi ?*, JC Lattès, 2013
Émilie Devienne, *Les 50 règles d'or de la famille recomposée*, Larousse, 2016
Adele Faber, Elaine Mazlish, *Parler pour que les enfants écoutent, écouter pour que les enfants parlent*, Aux Éditions du Phare, 2012
Christophe Fauré, *Comment t'aimer, toi et tes enfants ?*, Le Livre de poche, 2017
Isabelle Filliozat, *« Il me cherche »*, JC Lattès, 2014
Isabelle Filliozat, *Au cœur des émotions de l'enfant*, Marabout, 2013
Thomas Gordon, *Parents efficaces*, Marabout 2013
Catherine Gueguen, *Pour une enfance heureuse*, Robert Laffont, 2014
Myla et Jon Kabat-Zinn, *Être parent en pleine conscience*, Les arènes, 2019
Valérie Lavallé, *Devenir une happy family*, Leduc.s, 2019
Jane Nelsen, *La Discipline positive*, Éditions du Toucan, 2012
Yvonne Poncet-Bonissol, Stéphanie Assante, *Vivre heureux dans une famille recomposée*, Dangles, 2015
Florence Servan-Schreiber, *3 kifs par jour*, Marabout, 2014
Jeanne Siaud-Facchin, *Tout est là, juste là*, Odile Jacob, 2014
Daniel J. Siegel, Tina Payne Bryson, *La discipline sans drame*, Marabout, 2019
Daniel J. Siegel, Tina Payne Bryson, *Le cerveau de votre enfant*, Marabout, 2018

Livres en anglais

Karen S. Bonnell, Patricia L. Papernow, *The stepfamily handbook*, CMC, 2018
Gary Chapman et Ron L. Deal, *Building love together in blended families*, Northfield Publishing, 2020
Ron L. Deal, *The smart stepfamily, 7 steps to a Healthy Family*, Bethany House Publishers, 2014
Jimmy Evans & Frank Martin, *Blending families*, MarriageToday, 2016
Flora McEvedy, *The step-parents' parachute*, Time Warner Books, 2005

Carnet d'adresses

Le site de l'auteure : www.elena-goutard.com

Sites dédiés aux familles recomposées :

clubdesmaratres.fr
easytribu.com
famillesrecomposees.com
mafamillerecomposee.com
tribu-radieuse.com

Site et blogs sur la parentalité :

apprendreaeduquer.fr
les-supers-parents.com
naitreetgrandir.com
papapositive.fr

Remerciements

À mon mari, Cyril : ta contribution à ce livre est encore plus importante que tu ne le crois. Je n'aurais pas pu souhaiter pour nos garçons un meilleur père que toi. Merci pour tout, chéri.

À mes garçons, Arthur, Maxim, Nikita et Sacha, tous ensemble et chacun séparément, merci mes trésors pour vos confidences, vos câlins et votre infinie patience envers moi.

À mes parents, Olga et Vladimir, et à mon frère Sérioja de m'avoir tant transmis et d'avoir toujours cru en moi. Un merci spécial à toi, papa. Grâce à toi et à tes poèmes, la beauté du verbe et l'écriture ont toujours fait partie de moi.

À mes beaux-parents, Clotilde et Paul : pour les crêpes, les balançoires, la pêche, les escargots et bien plus encore. Merci d'être les super grands-parents que vous êtes !

À Véronique Deiller pour sa confiance et son accompagnement bienveillant durant la rédaction de cet ouvrage.

À tous les parents et familles (recomposées ou non) qui me font confiance. Merci pour vos témoignages et vos précieux retours qui nourrissent mon cœur et ma passion pour ce que je fais.

À tous ceux qui ont directement ou indirectement contribué à la création de ce livre et qui se reconnaîtront.

Découvrez tous nos cahiers pratiques et notre catalogue sur :
www.solar.fr

Direction : Jean-Louis Hocq
Direction éditoriale : Marion Guillemet
Collaboration éditoriale : Véronique Deiller
Édition : Bérénice Taveau
Correction : Laura Puechberty
Conception et mise en couleur de la couverture : Stéphanie Brepson
Mise en pages : Nord Compo
Fabrication : Laurence Duboscq

ISBN : 978-2-263-17179-6

Code éditeur : L17179

Dépôt légal : février 2021

Achevé d'imprimer en France par Imprimerie de Champagne en janvier 2021.

Solar, un département d'**Edi8**
92 avenue de France 75013 Paris